Vivre avec ma femmes

ÉDITIONS DU CLUB QUÉBEC LOISIRS INC.
© Avec l'autorisation des Éditions Québécor
ISBN 2-89089-257-3

Guy Fournier

Vivre avec ma femmes

À ma femme bien-aimée

(Attention, Monsieur l'éditeur! Comme il s'écoulera quelques semaines et même plusieurs mois avant que vous mettiez sous presse, veuillez me téléphoner la veille pour que je vous donne son prénom.)

AVERTISSEMENT AU LECTEUR

Le titre de ce recueil de scènes de ma vie conjugale, *Vivre avec ma femme(s)* n'a pas été choisi au hasard. Il est le fruit d'une longue réflexion dont je suis sorti convaincu que l'homme est l'élément le plus stable du couple. En tout cas, ce fut mon expérience personnelle.

Après plus de trente ans de vie à deux, j'y suis toujours... alors que plusieurs femmes se sont succédées à la barre, si je puis dire.

Je remercie toutes celles qui ont bien voulu y mettre la main jusqu'ici, me permettant de ne pas faire la traversée du vice en solitaire.

Guy Fournier

1

«Il me semble qu'il doit y avoir moyen de parler à sa femme sans toujours devoir dialoguer...»

Baisse un peu les yeux

Je suis votre égale, dit la femme.

Quand je me penche, dit l'homme, et me fais plus petit que nature.

Votre règne s'achève, dit-elle. Ma libération commence.

Soit! dit l'homme, au fond, ce règne m'était esclavage.

J'enlève ma perruque, dit la femme. C'est assez d'être artificielle pour vous plaire.

Alors j'enlève mon chapeau, dit l'homme. C'est assez de le lever pour vous saluer.

Fini le rouge à lèvres. Vous me prendrez nature, dit la femme.

Je ne me rase plus, dit l'homme. Quand, sur mes joues, vous passerez votre main, vous vous piquerez.

Du mascara sur mes cils, du fard sur mes paupières? Plus jamais. Que mes yeux vous suffisent comme ils sont.

Alors, je cesse de couper ces poils qui percent au coin de mes narines, dit l'homme. Ils me protégeront de l'air pollué.

Plus de colifichets pour me blesser les oreilles, plus de crème contre les poils follets. Je reste faite comme Dieu m'a créée.

Soit! dit l'homme, et moi je garderai mes gants pour vous serrer la main. L'hiver sera moins dur.

Je ne laisse plus tomber le mien, dit la femme, car vous ne daigneriez même plus le ramasser.

Que non. Peut-être pourriez-vous aussi vous moucher de vos doigts, car je ne cueillerai pas davantage ce mouchoir de soie qui vous servait d'appât.

Très bien, dit la femme, j'abandonne aussi mes robes gênantes. J'adopte ce pantalon qui depuis tant de siècles vous donne l'illusion que vous le portez.

Faites, dit l'homme. Et pour vous bien montrer que le pantalon n'est pour moi qu'un commode vêtement et non le signe de mon autorité, je laisse tout de suite glisser le mien.

Je me débarrasse de mon soutien-gorge, depuis trop longtemps symbole de servitude. Bientôt, dit la femme, vous ne remarquerez même plus ma poitrine jusqu'ici, pour vous, objet de vile convoitise.

Pourquoi donc, dit l'homme, souffrirais-je un instant de plus ce col empesé, cette cravate étouffante et les manchettes agaçantes de ma chemise? Je l'enlève. La nature, Dieu soit loué, m'a pourvu d'assez de poils pour me garder au chaud.

Au diable la gaine qui m'étrangle la taille. Je l'enlève aussi et je respire plus à l'aise.

Mes dessous n'ont rien de plus confortable que les vôtres, dit l'homme. Ils me compriment, ils m'étreignent, ils sont laids et sans grâce. Je répudie sur-le-champ mes dessous.

Allez, dit la femme. J'ai trop combattu pour mon égalité, je n'irais pas contester la vôtre.

Vous tremblez? dit l'homme.

Je tressaille, mon ami, je tressaille à la pensée d'être enfin libre, aussi libre!

Mais, madame, si mes yeux ne me trompent pas, vous voilà maintenant toute nue.

Vous aussi, mon ami. Maintenant que nous sommes tous deux dans le même état, puis-je vous demander ce que vous avez de si différent?

Ah! madame, si seulement vous baissiez les yeux avec pudeur comme autrefois, vous verriez bien...

Encore un irresponsable...

— Ta femme ne t'embrasse jamais, toi?

— Ah! oui... À Noël, au jour de l'an... À mon anniversaire.

— C'est tout?

— À la fête des pères aussi.

— J'espère au moins qu'elle t'embrasse sur la bouche!

— Sur les joues! Une fois sur la joue droite, deux fois sur la joue gauche.

— Comme les Français!

Il y a des hommes qui se contentent de peu. Ce sont les mêmes, j'imagine, qui finissent par se plaindre de la libération de la femme ou de l'indifférence grandissante des femmes à l'égard des choses sexuelles. Je ne sais pas ce qui me retint de mettre à celui-là mon pied quelque part.

— Est-ce qu'elle t'a déjà embrassé sur la bouche au moins?

— Avant qu'on se marie. Même qu'elle était pas mal forte sur les *French kisses,* tu sais les...

— Aïe! je connais ça. Elle a arrêté et t'as rien dit?

— Tu peux quand même pas forcer ta femme à te donner des *French kisses...*

— Non mais tu peux la poursuivre en justice si elle refuse de t'embrasser sur la bouche.

— Voyons donc!

— Puisque je te le dis. Y'a un Américain qui a obtenu une compensation de 270 000 dollars pour cette raison et là, y'a un Grec qui réclame 40 000 dollars parce que sa femme refuse de l'embrasser sur la bouche. T'oublies que le baiser est reconnu in-ter-na-ti-o-na-le-ment comme un préambule nécessaire à l'acte sexuel.

— Cela ne nous a jamais empêchés de faire ça.

— Qu'est-ce que c'est votre préambule?

— Qu'est-ce que tu veux dire?

— Qu'est-ce que vous faites, ta femme et toi, pour avoir ça dans le goût?

— Euh... bien, ça dépend... Des fois, quand ma femme tricote, je tiens la pelote de laine, puis...

— Puis après?

— Tranquillement, je retiens le brin de laine... on se rapproche l'un de l'autre... puis... D'autres fois, pendant qu'elle fait le lit, j'arrive par derrière et... tu sais ce que je veux dire?

— Ouais...

— Des fois, c'est pendant qu'elle lave la vaisselle et que je l'essuie... Je la taquine avec la pointe de mon linge à vaisselle, je la chatouille dans le cou, je lui envoie des pichenettes d'eau dans les oreilles et...

— Ouais...

— Y'a le reprisage aussi. On dirait que ça l'excite quand elle reprise mes chaussettes.

— Hein?

— Oui, oui... C'est comme lorsqu'elle repasse mes chemises...

— Ouais...

— J'oubliais l'odeur des confitures qui cuisent...

— Ta femme fait des confitures?

— Une vraie folie: elle en fait tout l'été. Des confitures aux cerises, aux pêches, aux fraises, aux framboises, toutes sortes... Mais veux-tu savoir ce qui la prépare le mieux?

— Ouais...

— C'est quand elle me masse si j'ai mal dans le dos ou bien aux reins. Là, c'est immanquable, ça finit toujours par ça... On dirait que c'est automatique!

C'est tout de même écœurant et irresponsable qu'un homme d'âge mûr que sa femme n'embrasse à peu près jamais sur la bouche n'ait pas le courage de la traîner devant les tribunaux, surtout quand il y a sur le marché des chaussettes increvables, des lave-vaisselle, de la confiture Vachon et des salons de massage, même dans les plus petits villages!

Voyons, mon chou

Quand j'entrai dans la chambre pour me coucher, les couvertures du lit avaient été savamment ouvertes. On avait appuyé mon oreiller contre le mur comme je le fais moi-même chaque soir et mes pantoufles attendaient à l'attention sur la descente de lit. Ma robe de chambre, allongée sur le fauteuil, ouvrait grand les bras. Les soupçons que j'avais nourris tout le jour s'accentuèrent encore. La journée avait mal commencé: ma femme s'était levée à ma place pour rabattre le caquet du réveille-matin, mon jus d'orange reposait sur la table de chevet et mon rasoir, que je cherche un matin sur deux, était à portée de la main, muni d'une lame neuve. J'avais des chaussettes sans trou, une chemise propre et un pantalon pressé de frais.

Ma femme avait sûrement quelque chose à demander et se doutait qu'elle ne l'obtiendrait pas facilement.

Je fis ma toilette du soir avec plus de soin que d'habitude. Durant ce temps, ma femme, qui était déjà couchée, s'endormirait sans doute. Je revins dans la chambre sur la pointe des pieds et madame me regarda en souriant. Elle avait les yeux à demi ouverts, mais ses paupières ne tombaient pas de sommeil: c'est par séduction qu'elles étaient mi-closes. Il ne faisait plus de doute qu'elle avait une requête sur le bout de la langue.

— Qu'est-ce que tu veux encore? demandai-je brusquement en m'introduisant d'un seul coup sous les couvertures.

— Oh... rien... rien...

Après tant d'années, un homme n'est pas dupe. Je remontai la couverture jusque sous mon nez et elle descendit sa main jusqu'à mes genoux. Je descendis un peu la couverture et elle remonta un peu sa main. L'expérience seule me permit de ne pas me laisser prendre au jeu. Je me figeai stoïquement. Le silence s'étira de façon démesurée et elle enleva sa main, ne sachant plus dans quelle direction l'orienter.

— Sais-tu, dit-elle, je me demandais...

Et elle s'arrêta, lorgnant de mon côté. Un homme plus jeune aurait alors bougé, montré de l'intérêt, ne fût-ce que du regard, mais je ne fis pas un geste. Ou bien elle capitulerait, ou bien elle irait droit au but et je saurais à quoi m'en tenir. Elle choisit la deuxième route.

— Il faudrait bien penser à nous habiller un peu pour Pâques, à acheter des petits cadeaux aux enfants...

Je me relevai d'un seul coup, comme piqué là où vous pensez.

— Pour Pâques? Mais je ne suis pas encore remis de Noël. Nous n'avons pas fini de payer nos comptes.

— Justement, si nous y pensions plus longtemps à l'avance, nous ne serions pas pris au dépourvu quand les fêtes arrivent.

— Donne-moi une cigarette!

C'est la seule chose qui peut calmer un homme aux prises avec sa femme. C'est tragique, car en examinant les statistiques j'ai découvert que plus de quatre-vingt-dix pour cent des hommes qui meurent du cancer du poumon sont mariés. Les autres sont veufs ou célibataires. Lorsqu'un homme se marie, il a donc quatre-vingt-dix pour cent plus de chances qu'un autre de mourir de cette affreuse maladie. C'est une chose dont ne parlent jamais les irresponsables qui prônent la libération des femmes.

Pendant que je calmais mes nerfs en détruisant mes poumons, une idée géniale me traversa l'esprit. Pourquoi n'y aurait-il pas des fêtes pour les riches et, quelques semaines après, des fêtes pour les pauvres? Si j'avais acheté après Noël tout ce que j'ai acheté avant, je ne devrais plus un sou. C'est un choc d'apercevoir en janvier un article qui se vend moins cher que ce qui vous reste à payer sur un objet identique acheté avant Noël. Il serait si simple que les riches fêtent Noël le 25 décembre et que les pauvres fassent de même le 25 janvier. C'est une question de décalage. Les premiers fêteraient Pâques à la date normale et les pauvres à la Pentecôte. Toutes les autres fêtes pourraient être célébrées conjointement, étant donné qu'elles ne constituent pas vraiment des occasions de dépenses.

J'étais si fier de mon idée que je l'exposai tout de suite à ma femme.

Elle accueillit mon plan avec grand intérêt.

— C'est merveilleux, ajouta-t-elle en s'animant, car de cette façon les gens moins à l'aise pourront fêter Noël et Pâques sans grever leur budget. Ils profiteront des soldes qui suivent traditionnellement ces deux fêtes. Si tu permets, je vais en parler à l'Association des consommatrices...

— Tu peux même leur dire que c'est ton idée, répondis-je avec humilité.

— C'est dommage, car nous ne pourrons pas nous-mêmes en profiter.

— Mais pourquoi pas?

— Allons, mon chou, dit-elle, nous ne pourrons pas choisir les fêtes des pauvres. C'est une question de standing.

Drame conjugal

— Chu tellement écœuré, monsieur Fournier, ça se dit pas...

Moi qui n'étais pas entré à la taverne depuis un mois et qui désirais siroter une bière tranquille, je tombais plutôt mal. Je n'avais jamais vu cet individu qui venait de m'accrocher par la manche pour que je m'asseye à sa table et le ton pâteux de sa voix n'annonçait rien qui vaille.

— J'peux-tu t'offrir une bière, Tit-Guy?

Même ma mère ne supportait pas qu'on m'appelle Tit-Guy quand j'étais enfant! Depuis, je n'ai jamais supporté qu'on le fasse et j'ai toujours vertement repris ceux qui se permettaient cette familiarité, sauf un policier qui m'avait arrêté pour avoir brûlé un feu rouge alors que mon permis de conduire était à la maison. Je m'étais même laissé donner de grandes taloches amicales dans le dos par cet agent qui m'avait reconnu. J'aurais refusé la bière de mon hôte si je n'avais pas remarqué ses yeux rougis. Cet homme-là venait sûrement de pleurer à chaudes larmes.

La bière qu'il avait commandée pour moi arriva presque tout de suite et il m'invita à choquer mon verre contre le sien.

— On est-tu ben entre hommes, hein Tit-Guy?

J'approuvai d'un signe de tête, mais lui fis remarquer que je n'appréciais pas le sobriquet.

— J'peux t'appeler monsieur, ça me dérange pas une maudite miette.

Ce n'était pas nécessaire d'aller aux extrêmes. Malgré ma suggestion d'amputer tout simplement le «Tit», il ne voulut pas démordre et m'appela «monsieur Fournier» gros comme le bras jusqu'à la fin de la rencontre. Croyant d'abord qu'il avait pris ma remarque en mauvaise part, je m'efforçai, sur le ton le plus amical qui soit, de lui tirer gentiment les vers du nez:

— Vous n'avez pas l'air dans votre assiette!

— Surtout, parlez-moi pas d'assiette, ni de vaisselle, j'vas faire une crise...

La réplique était venue sèche comme une balle. Après, il baissa la tête. Il resta quelques secondes silencieux, puis les sanglots l'étreignant, il les ravala à l'aide d'une grande gorgée de bière. J'avais du mal à contenir mon émotion tant il avait l'air malheureux.

— C'est... c'est votre femme?

Il leva vers moi des yeux humectés et reconnaissants:

— Comment c'est que vous avez fait pour deviner ça?

Il n'était pas malin. Jamais de ma vie encore, je n'ai vu un homme soûl chialer pour une autre raison que pour une femme.

— Elle vous a quitté?

— Pas de danger, joual vert! Vous avez dû entendre parler de ça, vous, monsieur Fournier, le 8 mars?

— La Journée de la femme?

— Ouais... Savez-vous ce qu'elle a fait la... la...?

Heureusement qu'un autre sanglot l'étreignit car j'ai l'impression que le qualificatif n'allait pas être joli. J'imaginai facilement qu'elle avait dû «accrocher son tablier», comme des milliers d'autres, et refuser de lever une paille de toute la journée.

— Pantoutte, elle travaille dans un office du bas de la ville.

— Et puis?

— Même si on est cassé comme des clous, elle a dépensé vingt-six piasses pour acheter un beau tablier qu'elle a porté toute la journée à son office...

— Ce n'est pas si grave. Elle ne voulait probablement pas manifester avec les vieux tabliers qu'elle a l'habitude de mettre à la maison.

— C'est ben ça, monsieur Fournier, elle a pas un maudit tablier à la maison.

— Dans ce cas, avait-elle d'autre choix que d'en acheter un?

— Simonaque de simonaque! elle avait rien qu'à mettre un des miens!

L'accent grave

J'avalai quelques bouchées sans appétit. Le bifteck était saignant, ruisselant de beurre noir comme je l'aime, mais il était insipide. C'était sans doute la viande, car ma femme a pour le bœuf une touche magique: jamais trop cuit, bien saisi, afin qu'il ne perde pas tout son jus et, surtout, savoureux comme dans les meilleurs *Steak Houses*. Je découpai encore une bouchée, la glissai discrètement sous mes narines avant de la manger. Rien, pas d'odeur, pas le moindre arôme de nature à me faire saliver. Je remis dans mon assiette ce morceau de viande sans éclat. Ma femme m'observait.

— Tu ne l'aimes pas? dit-elle. Il est pourtant délicieux...

Comme pour mieux marquer ce qualificatif, elle avait parlé la bouche pleine.

— Je pense que je n'ai pas très faim...

Je repoussai mon assiette d'un pouce ou deux, m'essuyai les lèvres avec la serviette de papier et allumai une cigarette. Je sentais bien que ma femme ne m'avait pas perdu de l'œil.

Ce soir-là, comme j'éteignis la lumière en me couchant, elle posa délicatement sa main sur mon front.

— Tu n'as pas mal à la tête au moins?

— Non... non...

Elle se fit soudain très câline, mais comme j'avais eu une grosse journée, je n'étais pas en train. Après un moment, je fis mine de dormir. Elle hésita, me tourna le dos et s'endormit. Je faillis me lever pour aller prendre une bouchée en cachette...

Le lendemain soir, ma femme avait fait du bœuf sauté. C'est une recette qui est propre à notre famille et qu'elle tient d'une grand-tante. La sauce est aromatisée de vin et mijote longuement sur un lit d'oignons et de poivrons frits au beurre et à l'huile. D'habitude, je fais de ce plat des abus pour lesquels je m'en veux durant des heures, mais cette fois la viande n'avait pas de goût. Elle était sèche malgré sa couverture de sauce et c'est à peine si elle avait gardé un vague goût de bœuf. Je me contentai de quelques bouchées de pain généreusement trempées dans la sauce.

— Tu n'as pas faim?

— Je pense que j'ai trop mangé ce midi...

Mensonge! J'avais tout juste avalé un hamburger en vitesse sur le coin de mon pupitre. Autant pour ne pas avoir à répondre à d'autres questions que parce que ce manque d'appétit commençait à m'inquiéter, je me levai de table pour buter bêtement contre une porte d'armoire ouverte. Je n'étais pas assis dans mon fauteuil, me frottant le front de la main, que ma femme accourut:

— Est-ce que tu vois des points noirs? s'enquit-elle avec émotion.

— Non... non...

— Tu ne vois pas de figures géométriques non plus?

Je la regardai avec hébétude. Pourquoi ces questions étranges? Elle s'esquiva. Le soir, elle se fit plus tendre encore, mais je n'étais pas d'humeur à cajoler.

Le lendemain, au souper, la scène se répéta: le rosbif, malgré sa belle couleur vive, était sans arôme. J'en laissai la moitié. Je ne sais si c'est ce demi-jeûne prolongé ou la crainte de couver un mal funeste, mais toute l'affection de ma femme, au coucher, ne réussit pas à m'émouvoir. Je n'avais pas de ressort. J'allais éteindre quand elle fondit en larmes.

— C'est ma faute, c'est ma faute, ne cessait-elle de répéter dans ses sanglots, ma vie est gâchée et la tienne aussi!

— Mais qu'est-ce que tu as?

Au lieu de répondre, elle me passa une coupure de journal dans laquelle on expliquait que des biologistes de Californie avaient découvert que le glutamate qu'on utilise pour donner du goût aux viandes peut à la longue ramollir le cerveau.

— Je n'en utilise plus depuis trois jours, s'écria ma femme éplorée, mais il est trop tard maintenant...

— Comment trop tard? Veux-tu dire que j'ai le cerveau ramolli?

— Le cerveau, je ne sais pas, mais le reste c'est épouvantable...

Je ne trouvai ni les mots ni les ressources pour la consoler. La vie sans accent, ce n'est pas une vie!

Guili guili, Léonid!

— Faut absolument que tu apportes le poisson chez le vétérinaire. Tu vois bien qu'il va mourir...

Depuis quelques semaines, notre poisson rouge n'en mène pas large. Il est de plus en plus rose et lui qui avait l'habitude de venir nous épier, les babines collées à la paroi de son aquarium, il fait la planche au centre du bocal, immobile comme s'il était accroché à l'étoile de corail que j'ai achetée pour garnir son habitat. Léonid — c'est le nom dont on l'a affublé parce qu'il est rouge et à cause de sa grosse tête ronde, aplatie sur le devant, qui fait penser à celle de Brejnev —, Léonid a beau avoir l'air caduc, nager tout de travers et donner l'impression qu'il va finir par se noyer dans son bocal, ce n'est pas moi qui le traînerai chez le vétérinaire. J'ai eu assez d'y amener notre chien durant des mois parce qu'il ne mangeait plus, buvait à peine et jappait comme un mâle qui s'est fait amputer le principal. Huit ou dix visites après, cent dollars plus tard, le vétérinaire prononça son diagnostic: «Votre chien s'ennuie... C'est évident que ce chien-là est perturbé depuis que votre femme travaille à l'extérieur et que les enfants sont partis. Ou bien vous le donnez, ou bien il vous accompagne au travail!»

Je ne pouvais pas amener le chien au bureau. Le travail de ma femme étant moins important, elle aurait pu le faire —

surtout que c'était à cause d'elle si le chien devenait neurasthénique —, mais elle ne voulut rien entendre.

— Qui l'a acheté ce chien-là? Moi je ne voulais pas en entendre parler...

C'était facile à dire six ou sept ans plus tard, mais je me souviens très bien qu'elle n'avait pas soulevé d'objections quand j'étais arrivé à la maison tenant en laisse un magnifique caniche noir avec une tache blanche sous le cou. Elle avait même conclu qu'il contribuerait peut-être à garder les enfants autour de la maison. Maintenant qu'il avait accompli sa mission, il était de trop! La mort dans l'âme, j'avais amené le chien à la S.P.C.A., me jurant bien qu'il n'entrerait plus jamais d'animaux dans ma vie. Aujourd'hui, on voudrait me faire trimbaler un poisson? Jamais de la vie...

— Qui l'a acheté ce poisson?

— Écoute, le vétérinaire est sur ta route.

— Qu'est-ce que tu veux qu'il fasse pour un poisson?

— Il peut au moins l'examiner.

Je haussai les épaules. Voyant bien que je n'avais aucune intention d'aller chez le vétérinaire, ma femme sortit un gros bocal de l'armoire, dévissa le couvercle et y vida le poisson avec une partie de l'eau de l'aquarium. Dans son nouvel habitat, le poisson parut reprendre vie: il nagea de haut en bas du bocal, tourna en rond durant quelques secondes, puis revint en surface manger les quelques graines que ma femme avait semées sur l'eau.

— Penses-tu qu'il va avoir assez d'air pour respirer?

— Faudrait le lui demander, dis-je en riant.

Ma femme déposa le bocal dans un grand sac de plage et partit avec le malade. Le soir, elle revint sans lui.

Le lendemain soir, ma femme rapporta le patient. Il avait l'air en meilleure forme et elle arborait un petit sourire supérieur. D'après l'air à tous les deux, c'était facile de conclure que le vétérinaire avait mis le doigt sur le bobo.

— Tu sauras qu'il a trouvé le problème, dit ma femme en transvasant Léonid. Est-ce que ça t'intéresse de savoir ce qu'il a?

— Ouais...

— Il s'ennuie! Il s'ennuie parce qu'il est tout seul à la maison. D'après le vétérinaire, les cas de troubles psychologiques chez les animaux domestiques sont de plus en plus nombreux. Tu sais que les animaux détestent la solitude?

— Va falloir que tu l'emmènes travailler avec toi, dis-je en m'esclaffant.

— Ce n'est pas nécessaire, le docteur a dit que ça suffisait de lui parler quelques minutes chaque soir.

— Lui parler? Qu'est-ce que tu vas lui dire?

— C'est toi qui vas lui parler, moi j'ai déjà assez de parler aux plantes.

Croyez-le ou non, depuis une semaine, pendant que ma femme fait la conversation à l'hibiscus et au philodendron, moi je fais des «guili guili» à Léonid. Mais ma femme et moi on ne se parle plus!

Des femmes heureuses

— Sais-tu que tu fais une belle vie avec moi?

Sachant très bien que j'en avais assez dit pour piquer sa curiosité, je continuai de lire d'un œil, épiant de l'autre ma femme qui tricotait, calée sur deux oreillers appuyés contre la tête du lit. Maniant ses aiguilles avec dextérité, elle m'interrogea du regard et je fis mine de ne rien voir.

— Pourquoi dis-tu cela? demanda-t-elle enfin.

— Parce que...

Comme je n'en dis pas plus long, elle haussa les épaules et reporta son attention sur son tricot. Elle a l'habitude d'être plus curieuse... Après avoir lu quelques lignes, je ne pus résister à l'envie de lui tendre la perche à nouveau.

— Devine combien de fois par semaine un Finlandais prépare le petit déjeuner?

— Si les Finlandais sont comme toi, ça ne doit pas arriver souvent!

La réponse que j'attendais! Comme la plupart des autres, ma femme s'imagine que je ne fais rien à la maison. Si elle entend dire par une voisine que son mari fait le lit régulièrement, elle soupire et lance: «Ah! si seulement le mien en faisait autant...» Une de ses connaissances remarque-t-elle que son mari est bon cuisinier, elle ajoute: «Ah! si seulement mon mari pouvait se faire cuire un œuf...», alors que c'est devenu une tradition que je prépare le petit déjeuner tous les week-ends.

— Les Finlandais préparent le petit déjeuner seize pour cent du temps. Sais-tu combien ça fait?

Elle fit signe que non.

— À peine une fois la semaine. Je le fais deux fois. Crois-tu que les Finlandais vont faire les courses?

— Veux-tu me dire d'où tu sors ces devinettes?

Si je lui fais part de statistiques qui contredisent ses préjugés, elle s'imagine que je raconte des sornettes. Elle avala de travers quand je lui dis que mes chiffres étaient extraits du rapport officiel du Gouvernement de Finlande déposé à la Commission du statut de la femme par Kurt Waldheim lui-même. J'ai peut-être la réputation de plaisanter, mais on ne peut accuser le secrétaire général des Nations unies de manquer de sérieux. Les Finlandais font les courses une fois sur quatre alors que moi, à part les samedis d'été que je réserve au golf, je passe tous les autres à l'épicerie et à la boucherie.

— Dans notre cas, je crois qu'on peut inverser ces proportions, dis-je triomphant.

— En revanche, peut-être que les Finlandais préparent les repas plus souvent.

— C'est ce que tu crois! La Finlandaise fait quatre-vingt-cinq pour cent de tous les repas et son mari, neuf pour cent...

Elle compta les mailles de son tricot en marmonnant. Elle cherchait sûrement une porte de sortie.

— Quatre-vingt-quatorze! C'est drôle...

Je crus qu'il s'agissait du nombre de mailles mais elle m'expliqua que le rapport n'était pas exact puisqu'il n'arrivait pas à cent pour cent dans ce cas.

— Et tu crois que les Finlandais ne mangent jamais au restaurant?

— En tout cas, si tout cela est vrai, leurs femmes doivent être au bord du divorce ou de la dépression nerveuse...

En plein le commentaire que j'attendais!

— Au contraire, soixante-quinze pour cent des femmes sont absolument sa-tis-fai-tes et heureuses des tâches qu'accomplissent leurs maris à la maison.

— Même celles qui travaillent à l'extérieur du foyer?

— Même celles-là!

— Si tu veux mon avis, elles ne doivent plus avoir beaucoup de force quand arrive le soir...

Elle lança son tricot sur le parquet, remit les oreillers en place et éteignit la lumière de sa table de chevet.

— Tu te couches?

— Je suis très fatiguée, dit-elle en soupirant.

Pourtant moi j'étais en forme. Comme un Finlandais...

Le dernier mot

— Enfin une femme qui s'est décidée à dire aux hommes leurs quatre vérités...

Je venais tout juste de me faufiler sous les couvertures. C'est toujours le moment que choisit ma femme pour entreprendre une discussion qui risque de s'envenimer. Je ne répondis pas. Elle s'assit sur le bord du lit, enleva ses bas nylon un à un, les tournant d'abord comme des beignes, puis les déroula d'un seul coup en les projetant devant elle comme des serpentins.

— Tu m'as entendue?

Ses bas se posèrent en douceur sur le dossier de la chaise.

— C'est sûrement une vieille fille, dis-je, tirant le drap jusque sous mon nez.

— Je te demande bien pardon. Une femme mariée, sociologue, professeur à l'Université de Colombie britannique par surcroît.

— Entre une vieille fille et une Anglaise, je ne vois pas de différence.

Sa robe qu'elle tirait par-dessus sa tête resta accrochée dans ses bigoudis. Allongeant le bras, je baissai le fermoir-éclair. Elle envoya choir sa robe par-dessus les bas.

— Éteins la lumière.

Je la connaissais assez pour savoir que la discussion n'en resterait pas là. Elle finit de se déshabiller, se glissa à son tour sous les couvertures et me tourna le dos.

— Sais-tu ce qu'a suggéré la sociologue à la Commission d'enquête sur le statut de la femme?

— Non.

— Stériliser tous les mâles dès l'âge de seize ans.

Je fis le mort. Il s'écoula une bonne minute pendant laquelle ma femme trouva le moyen de m'envoyer deux coups de pied dans les tibias, feignant de chercher une position favorable au sommeil.

— Tu ne trouves pas que c'est une bonne idée?

— On pourrait faire une exception pour ceux qui se destinent à la vie religieuse...

— Idiot! Ouvre la lumière. Tu sais que je ne peux discuter à la noirceur.

Je n'avais pas envie de discuter du tout, mais j'ouvris quand même la lumière.

— Si on se rendait à la suggestion de cette bonne femme, la race humaine s'éteindrait en quelques années, fis-je remarquer platement faute d'un meilleur argument.

— Jamais de la vie, répliqua-t-elle. C'est un nouveau procédé. On stérilise l'adolescent à seize ans et on lui rend sa fertilité plus tard.

— Quand?

— Quand il est assez vieux pour apprécier les joies de la paternité.

Les joies de la paternité! Les femmes parlent toujours des joies de la paternité et des douleurs de la maternité et elles ne cessent de nous reprocher les unes et les autres. À les entendre, tout le plaisir est pour le père, alors qu'on sait de bonne source qu'il est pour les blondes.

— Tu ne t'imagines pas au moins, continua-t-elle, que tu étais assez mûr à vingt ans pour être père?

— Je ne sais pas, mais il est sûrement trop tard pour y penser aujourd'hui.

— Voilà! Ce sont des situations pareilles à la nôtre qu'éviterait le projet de la sociologue.

Comme si j'étais le seul responsable de ma paternité précoce! Selon moi, c'est plutôt la femme qui...

— Si on avait suivi le conseil de cette sociologue, dit-elle coupant le fil de ma pensée, ma vie aurait été différente. Quand je pense qu'à vingt-deux ans j'avais déjà trois enfants...

Nous n'en avons jamais eu que deux, mais elle prétend encore que je suis le troisième. Je décidai d'en finir avec cette conversation stérile.

— Tu m'as convaincu, dis-je d'un air résigné.

Elle eut un petit sourire satisfait.

— Il faudrait penser à faire stériliser notre aîné, ajoutai-je.

— Pourquoi?

— Il aura seize ans cet été...

— Jamais, trancha-t-elle, se dressant dans le lit. Je voudrais bien voir la petite garce qui tenterait de le séduire à son âge...

Pour une fois j'avais le dernier mot sans même avoir la peine de le prononcer.

— Ferme la lumière, commanda-t-elle sèchement.

2

«Je connais assez les femmes pour savoir que lorsqu'elles nous disent qu'elles ont besoin d'affection et de tendresse, c'est qu'elles désirent que nous les écoutions monologuer.»

Heureux les gagne-petit

— C'est quand même quelque chose, dit ma femme en me regardant transporter le téléviseur portatif.

— Tu peux le dire! Un appareil portatif qui pèse cinquante-quatre livres...

— Je ne parlais pas de ça.

— De quoi alors? demandai-je en posant le monstre sur la banquette arrière de la voiture.

— De notre mode de vie, du système capitaliste! Pouvoir passer une longue fin de semaine à la campagne, loin du bruit, des voisins, de la poussière! Quand je pense qu'il y a des gagne-petit qui n'ont pas la chance de s'offrir pareil repos...

Nous sommes partis sur cette charitable pensée, moi au volant, ma femme coincée entre une caisse de provisions et mon sac de golf, les enfants assis tant bien que mal sur d'autres caisses de provisions, un moteur hors-bord emprunté, deux avirons, une canne à pêche, des ceintures de sécurité nautique et le téléviseur portatif — de cinquante-quatre livres. Il fallut trois heures pour atteindre Sainte-Agathe, d'abord à cause des bicyclettes qui menaçaient de sortir du coffre chaque fois que je freinais et puis du canot que je ne parvins jamais à fixer solidement sur le toit.

La veille, sans grand espoir d'obtenir raison, j'avais prétendu qu'en moins de quatre jours nous ne pourrions utiliser tout le fourbi que nous allions transporter, mais ma femme avait établi le programme du week-end... Afin que mon repos soit complet, les enfants feraient les courses à bicyclette et s'amuseraient avec la chaloupe et le hors-bord pendant que je taquinerais le poisson, maître après Dieu à bord du canot qui avait bercé jadis notre lune de miel. Libérée du téléphone, des soins du ménage et de l'angoisse dont elle souffre en ville, ma femme s'appliquerait à cuisiner quelques plats fins tirés de la bible culinaire de Jehane Benoit. Les bains de soleil étaient au programme pour toute la famille.

Si tout s'était passé ainsi, je ne pourrais rien écrire, mais Dieu sait que je n'aurai pas assez d'un chapitre pour parler de cette fin de semaine catastrophique!

D'abord, le soleil est resté à la ville où nous l'avons retrouvé au retour, puis la maison, louée par l'intermédiaire d'une agence, était grise et dans un état lamentable. La toiture coulait comme la chaloupe que je finis par découvrir entre deux eaux. À la suggestion de ma femme, je prêtai le canot aux enfants et partis à la recherche d'un terrain de golf. J'en vis plusieurs mais, en fin de semaine, on n'y acceptait que les membres.

Je revins à la maison. Trop tard pour empêcher les enfants de fixer le moteur hors-bord au canot, mais assez tôt pour le voir disparaître sous l'eau.

— Le lac n'est pas profond, commenta ma femme. Nous allons le retrouver facilement. Imagine-toi que j'ai oublié le sel et le poivre...

— Envoie les enfants!

— Les pauvres petits, le village est à deux milles d'ici. Et il va d'abord falloir qu'ils cherchent le moteur...

Je suis allé à l'épicerie et j'ai cherché le moteur.

— Tu vois que j'ai bien fait d'apporter tes deux maillots, dit ma femme, le lendemain midi, alors que j'enlevais mon maillot pour manger, après avoir depuis le matin plongé en vain dans l'eau glacée du lac.

Dimanche, de retour de l'église où le curé, dans son sermon, demanda aux fidèles d'avoir une bonne pensée pour les pauvres gens qui ne voient pas d'autres paysages que l'asphalte des villes, je réfléchis à leur infortune, en effectuant, à l'aide d'un accessoire que la décence m'empêche de nommer, une tâche pour laquelle la technologie ne fournit pas encore d'autre instrument qu'un bâton muni d'une cloche de caoutchouc.

Au grand désespoir de ma femme, je ne pus ensuite goûter à son repas, et c'est le ventre vide que je recommençai ma plongée sous-marine.

Sans les piqûres des mouches noires et des maringouins qui m'empêchèrent de fermer l'œil, j'aurais cette nuit-là dormi avec la satisfaction d'avoir enfin récupéré le moteur.

Lundi, nous sommes revenus en ville plus tôt que prévu afin d'éviter l'heure de pointe, mais tous, semble-t-il, avaient eu la même précaution!

Le soir, pour me reposer, j'ai roulé en voiture dans un quartier populaire dont je tais le nom, de crainte que ses gagne-petit ne puissent plus, les longues fins de semaine, s'asseoir en camisole dans la rue tranquille en sirotant un verre de bière...

C'est la faim

Nous étions couchés depuis une bonne demi-heure et je n'arrivais pas à fermer l'œil. J'avais l'estomac qui flottait et une fringale qui me taquinait le gosier. Après avoir fait cent tours sur moi-même, je m'assis résolument sur le bord du lit.

— Qu'est-ce que tu fais? demanda ma femme dont la respiration lente et régulière m'avait laissé croire qu'elle dormait déjà.

— J'ai faim...

— Dors!

Il y a quelques années, elle aurait sauté à bas du lit, enfilé sa robe de chambre et se serait empressée de bourrer le grille-pain; mais elle continua de respirer tranquillement comme si de rien n'était. Je me levai.

— Où vas-tu?

— Manger!

La lumière éclata dans la chambre et ma femme se déplia brusquement de sous les couvertures.

— Tu ne vas pas manger à cette heure au moins! Pense à ton pauvre père...

Elle referma la lumière pendant que je me glissais docilement dans le lit. Dans ma famille, on a toujours expliqué la mort subite de mon père par le fait qu'il mangeait trop. Ce n'était pourtant pas mon cas. Pour une raison que je n'arrivais pas à deviner, ma femme réduisait graduellement ma portion quotidienne de nourriture. Au petit déjeuner, elle coupa une tranche de bacon, puis la deuxième et la dernière. Et cette semaine elle retrancha l'œuf poché qui était devenu une tradition matinale comme ses bigoudis. Le midi, je mange au restaurant, mais la seule assiette pleine à ces déjeuners d'hommes d'affaires est celle dans laquelle on dépose l'addition.

J'avais l'habitude de refaire mes forces au souper. Mais comment y arriver avec trois sardines, quelques haricots verts et une salade de fruits? Depuis une dizaine de jours ma femme ne sert plus de viande le soir, mais une bouchée de poisson avec quelques bouchées de légumes.

Une fois au chaud sous les couvertures, j'essayai pour oublier ma faim de me concentrer sur la fin subite de mon père, mais ce fut en vain. Les images qui se succédaient dans ma tête étaient celles de mon père qui s'empiffrait de ragoût de pattes, de tourtières au lard, de crêpes au sirop d'érable et d'oreilles de Christ. Le supplice de Tantale! Il fallait y mettre fin. J'allongeai un pied hors du lit, puis une fesse, puis l'autre pied et l'autre..., mais ma femme m'agrippa solidement par le bras.

— Je te défends bien!

Comment pouvait-elle dormir en épiant mes moindres gestes? Je rapatriai dans le lit la partie de mon corps qui n'y était plus et je fis un effort surhumain pour dormir. Mon estomac gargouillait de plus en plus fort. Cette fois, je résolus d'y aller ouvertement. J'allumai moi-même la lumière et ma femme ouvrit grand les yeux.

— Écoute, dis-je, j'ai assez faim que... je te mangerais!

— Mon Dieu que je suis contente! Enfin...

Et elle ouvrit la petite porte du meuble de chevet, exhuma une coupure de journal cachée derrière ses flacons de cosmétique et me la tendit. L'article rapportait les propos d'un savant prétendant que la faim aiguise l'appétit sexuel de l'homme. Je comprenais enfin tout. Pendant que je lisais, ma femme avait les yeux pleins d'eau. Qu'auriez-vous fait à ma

41

place? Je commis une bêtise. Je me demande encore si ce fut dans l'espoir que ma femme consentît à ce que j'aille manger ou simplement parce que je n'aime pas faire mentir les hommes de science!

Lorsque la bêtise fut consommée, que j'eus fumé une cigarette, ma femme ouvrit encore une fois le meuble de chevet. Elle y avait caché du chocolat. Elle en prit un morceau qu'elle commença à manger goulûment sous mes yeux.

— Et moi? Je meurs de faim...

Pour toute réponse, elle glissa la main sous le lit et en sortit un petit livre d'un autre savant: *Comment le sexe peut vous garder mince.*

— Grâce à l'augmentation de ton activité sexuelle, dit-elle, je pourrai perdre jusqu'à cinq livres par mois. C'est écrit là-dedans. Tu ne trouves pas que c'est merveilleux?

— Tu trouves?

— Mais oui, de toute manière tu as toujours voulu maigrir. Alors tu jeûnes pour te donner le goût de faire ça souvent et moi, je fais ça souvent pour maigrir! On joint l'utile à l'agréable.

Dorénavant, je n'en ai pas fini des maux de la faim!

Un poids lourd

À vrai dire, je m'y attendais: les fonctionnaires de l'Impôt viennent de me retourner mon dernier rapport. Je leur verserai une cotisation supplémentaire, mais en attendant je vais tout de même alerter l'opinion publique sur une situation injuste qu'aucun homme d'affaires averti ne saurait tolérer. Le plus petit des industriels se trouve à l'égard du fisc en meilleure posture que l'homme marié auquel on ne permet qu'une exemption de 3 110 $ pour sa femme.

C'est honteux de faire peser sur les épaules de ceux qui garantissent l'avenir du pays la plus grosse part du fardeau fiscal. Quand vient une élection, les politiciens s'empressent de promettre toutes sortes d'exemptions. Ils tiennent parfois parole, mais aucun encore n'a osé attaquer le véritable problème de l'imposition: l'exemption accordée au mari pour sa moitié.

Les enfants, quoi qu'on dise, sont loin de représenter pour un père les frais qu'on imagine. Le premier est difficile à entretenir, mais tous les autres sont là pour en amortir le coût. Le cadet finit toujours par entrer dans les bottines du plus vieux et celui-ci dans les pantalons de son père. Moyennant certaine planification, pantalons, bottines, cravates et chemises sont transmis de père en fils comme la vertu et le talent. «Un enfant de plus ou de moins ne fait pas toute la différence.» Le dicton est vieux comme le monde et toujours vrai.

Hélas! il ne s'applique pas aux femmes. Je défie quelque mari que ce soit de faire l'expérience «d'une femme de plus» sans affecter gravement l'état de sa fortune.

On aura réglé équitablement le sort de l'homme marié quand on lui aura permis de considérer sa femme sur le même pied que son automobile ou qu'une pièce de machinerie. Tous les manufacturiers courraient à la faillite si l'impôt n'allouait pas de dépréciation sur l'outillage. C'est pourtant le défi qu'on demande à l'homme marié de relever: vivre prospère durant un demi-siècle s'il le faut avec une femme qui souffre de dépréciation chaque jour et pour laquelle l'exemption de base reste figée à 3 110 $.

Qu'on n'essaie pas de me dire qu'une femme de cinquante ou soixante ans vaut une fille de vingt ans! La plupart des hommes qui ont réussi en affaires louchent du côté des jeunes filles.

La survivance de l'espèce humaine est le premier but du mariage et tant qu'on n'aura rien trouvé de mieux pour perpétuer la race, il faudra bien que les hommes soucieux de leurs devoirs envers l'humanité se marient et élèvent des enfants avec une femme. En défendant au mari de soustraire de son impôt la dépréciation de sa femme, le fisc se moque des principes chrétiens du mariage et encourage ceux déjà trop nombreux qui ne se marient pas pour le bon motif.

Le calcul de la dépréciation est plus complexe pour la femme que pour la machinerie, car certaines femmes se déprécient plus vite que d'autres. Chacun connaît dans son entourage au moins une femme relativement jeune qu'il ne voudrait pas avoir à supporter pour tout l'or du monde. C'est un cas de femme à dépréciation accélérée. Malgré tout, il serait dangereux de laisser aux maris le calcul de la dépréciation, car il se trouverait des mesquins ou des fraudeurs pour exagérer. Permettre aux vérificateurs de l'Impôt de procéder à une évaluation périodique serait les exposer aux foudres de maris jaloux. Je pense donc qu'on pourrait s'entendre sur des normes.

Disons, par exemple, qu'une femme normale commence à se déprécier vers l'âge de vingt-cinq ans ou après deux ou trois années de mariage. La dépréciation pourrait être de trois pour cent après cinq ans de vie conjugale et augmenter d'un pour cent par la suite tous les ans. À cinquante ans, l'entretien d'une femme est à son maximum et sa productivité tombe à zéro. La dépréciation atteindrait alors son maximum. Elle resterait à ce niveau jusqu'à la fin, à moins qu'on aille jusqu'à permettre aux maris — ce que l'on concède déjà aux manufacturiers — de moderniser leur équipement.

C'est cette théorie que j'ai appliquée dans mon dernier rapport et qui fut refusée sans explication. Ma femme à qui je l'expliquais encore une fois dans les détails m'a fait une scène terrible. Je n'arrive pas à comprendre les femmes qui ne cessent de prôner l'égalité avec l'homme et ne s'indignent pas d'apprendre qu'aux yeux du fisc elles ne sont même pas sur un pied d'égalité avec la machine!

Suffisait d'y penser

— C'est pas drôle d'être une femme de nos jours...

Écrasée dans le fauteuil de la chambre, ma femme attendait que je finisse de déshabiller le lit.

— Et tu crois que c'est plus drôle d'être un homme? dis-je en repliant symétriquement la courtepointe.

— Oui! Et je ne vois pas pourquoi tu te plains, dit-elle en venant s'asseoir lourdement sur le lit.

— Je ne me plains pas mais si tu insistes, laisse-moi te dire que ce n'est pas drôle d'être homme.

— Comment ça?

— Je te donne juste un exemple. Tu vois, quand on se couche, si je veux être un bon mari, je dois te faire des avances...

— Et puis?

— Bien, je suis fatigué, moi. J'ai passé une journée d'enfer au bureau. J'arrive, je mange en vitesse et je gaspille ma soirée à préparer le lendemain.

— Tu travailles trop.

— C'est facile à dire quand on n'a pas de responsabilités financières. Au prix où se vend l'essence, je ne vois pas très bien comment je pourrais ralentir. Quand je pense qu'il est encore question d'augmenter le prix du pain...

46

— On en mangera moins. De toute manière, il faut mai-grir...

— Toi! Pas moi. Je n'ai que la peau et les os.

— T'es bien chanceux.

— Je ne passe pas mes journées à grignoter.

— C'est facile pour un homme de ne pas manger. Au bureau, il y a de la vie, du va-et-vient, vous rencontrez des gens, mais à la maison, entre quatre murs, que veux-tu que je fasse? Alors, je grignote...

— Et tu te plains.

— Je ne me plains pas mais si tu insistes, je vais te dire que je donnerais cher pour être à ta place.

Elle se glissa sous la couverture qu'elle remonta par-dessus sa tête et se mit à renifler.

— Mais veux-tu bien me dire ce que tu as?

— Tu pourrais au moins avoir un peu de sympathie.

— Pourquoi?

— Mais pour ma condition de femme. Nous, les femmes, on nous a appris à être soumises, attentives aux besoins des autres, à nous laisser faire. Vous autres, vous êtes libres, vous pouvez avoir de l'initiative...

Comme elle sanglotait de plus en plus, je m'approchai d'elle doucement pour lui caresser les épaules. Elle s'éloigna brusquement en rabattant la couverture sur ses genoux.

— Tu vois? Encore! Pourquoi ça ne serait pas moi qui te ferais la cour, par exemple, qui poserais le premier geste? Il faut toujours que ça soit toi.

— Mais je ne demande pas mieux.

— Pas ce soir, tu as tout gâché.

Elle ferma la lumière et au moment où j'allais m'endormir elle la ralluma.

— Sais-tu une chose? dit-elle. Si j'étais un homme et si tu étais une femme, nous n'aurions pas de problèmes...

Et elle referma la lumière.

Comme je ne saisissais pas son point, je me suis levé pour aller grignoter...

Le crime parfait

— Lance-moi une grande serviette, criai-je à ma femme entrouvrant la porte de la salle de bains.

— Il n'y en a plus. J'ai mis la dernière aux guenilles ce matin!

Quoi de plus frustrant que de s'essuyer avec une serviette grande comme la main au sortir de la douche! Je quittai la salle de bains dégoulinant sous ma robe de chambre. Ma femme, étendue dans mon fauteuil, lisait un magazine.

— Et l'argent que t'as demandé, l'autre jour, pour acheter des serviettes?

Elle tourna vers moi un visage dédaigneux, me toisa des pieds à la tête et remit le nez dans le magazine sans mot dire. Je n'ai rien contre les femmes, mais certaines fois, je... je... Enfin! Je serrai les poings pour apaiser la colère qui me montait le long des bras, et sur un ton plus autoritaire je posai de nouveau la question.

— Tu n'imagines pas que je vais me promener pieds nus pour acheter des serviettes?

Elle avait donc gaspillé l'argent à des souliers! Je ne sais ce qui me retint de la gifler ou encore de m'habiller et d'aller finir la soirée dans une salle de pool ou en quelqu'autre endroit où l'homme rencontre la compréhension qu'il n'a pas au foyer. Mais j'avais décidé de flâner à la maison et je n'allais pas en démordre.

— Tu aurais pu le dire au moins!

— Va-t-il falloir que je rende compte de chaque sou maintenant?

Elle bondit comme un ressort et s'en fut s'asseoir à l'autre bout du salon. L'affaire n'eût pas eu de suite si, me laissant tomber dans mon fauteuil, je n'avais pas eu le malheur de m'asseoir sur la pelote à aiguilles que ma femme avait dû glisser derrière elle après son ravaudage. Mon cri la fit sursauter.

— Mon Dieu, qu'est-ce qui t'arrive?

Saisissant la maudite pelote du bout des doigts, avec toute la délicatesse qu'un homme furieux peut encore avoir, je la balançai en regardant ma femme d'un œil terrible.

— Il n'y a pas de quoi crier au meurtre, dit-elle en pouffant de rire.

Je lançai la pelote par terre et je courus me réfugier dans la chambre, marmonnant les pires injures. Mon amour-propre était grièvement atteint. Essayant vainement de dormir pour éteindre ma rage, des pensées affreuses surgirent dans ma tête. Je voyais ma femme faire une chute dans la baignoire, se couper une veine en dépeçant le rôti, perdre, à quatre-vingt milles à l'heure sur l'autoroute, la maîtrise de mon automobile. Voulant chasser ces visions, je me mis un oreiller sur la tête, mais sitôt accompli ce geste imprudent, il me vint à l'esprit qu'il faut moins de quinze secondes pour étouffer quelqu'un. Je fis rouler l'oreiller au pied du lit et m'assis d'un bond, des sueurs froides sur le front.

Ma femme était debout dans l'embrasure de la porte.

— Qu'est-ce que t'as?

— Moi? Rien! Et toi?

— Euh!... saurais-tu le nom d'un engrais chimique employé couramment en agriculture?

Je réfléchis un peu et me souvins que mon père avait l'habitude d'arroser les plants de tomates avec du phosphate.

— Du phosphate, répondis-je trop heureux de cette diversion qui m'avait fait oublier ma colère.

— C'est très courant? s'enquit encore ma femme.

— Bien... à vrai dire, je ne sais pas. Mais pourquoi demandes-tu ça?

— Oh! pour rien. C'est une idée qui m'est passée par la tête...

Elle retourna au salon et je m'endormis, l'âme en paix.

Le lendemain, par hasard, le magazine que lisait ma femme me tomba sous les yeux. Il était ouvert à la page où un médecin-légiste anglais livrait ses quarante ans d'expérience dans un article intitulé «Le meurtre parfait». Par je ne sais quelle curiosité malsaine, je commençai à lire l'article en diagonale, pour tomber sur ce paragraphe:

«Appliqué sur une serviette de bain, par exemple, il tuerait un homme sans laisser de traces en moins d'une demi-heure. Pour des motifs que je n'ai pas besoin d'expliquer, je tairai le nom de ce produit, me contentant d'écrire qu'il s'agit d'un engrais chimique employé couramment en agriculture...»

Ma femme a acheté d'autres serviettes de bains, mais elles sont encore rangées dans la lingerie. Ce n'est pas moi qui les userai!

Quelqu'un pour l'écouter

Quoi faire après souper quand on est marié?

Des maris retournent travailler au bureau, d'autres jouent au pool dans leur sous-sol, mais encore faut-il avoir une table de pool et je n'ai même pas de sous-sol. Certains préfèrent les fléchettes, mais il faut aussi un sous-sol. Quant au jeu de solitaire auquel je me livrais, je l'ai abandonné à cause de ma femme qui venait replacer les cartes chaque fois que je trichais. Quel est l'intérêt des cartes si l'on ne peut tricher, surtout quand on joue seul?

Ne pouvant donc rien faire d'autre que lire, je m'installe dans mon fauteuil, un journal à la main. Tous les soirs, une fois sa vaisselle lavée, ma femme s'approche de moi pour demander ce que je lis.

— Tu vois bien que c'est un journal, répondis-je hier soir harassé de cette question qui revient tous les soirs depuis dix ans comme une litanie.

— Je l'ai vu, je ne suis pas folle, dit-elle froissée. Mais j'ai bien le droit de demander ce que tu lis, je suis ta femme après tout.

— Je me renseigne, dis-je, continuant de jeter un coup d'œil sur un long commentaire à propos du Liban.

— Tu te renseignes sur quoi?

— Le Liban.

— Encore le Liban! Je n'ai jamais vu un homme pareil: quand ce n'est pas le Liban, c'est la Chine et si ce n'est pas la Chine, c'est la Russie. Toujours plongé dans le même petit monde! Comme s'il n'y avait que ça. Tu ne pourrais pas t'intéresser à ce que je dis, non?

— Qu'est-ce que tu disais?

— Rien, tu lisais.

De guerre lasse, je repliai le journal sur mes genoux. La soirée s'annonçait bien.

— Et si je n'avais pas lu? demandai-je avec la patience d'un confesseur qui écoute les péchés d'une religieuse.

— J'aurais aimé discuter d'une idée que j'ai eue cet après-midi...

— Parle!

Elle garda un profond silence.

— Et alors?

— Bah! j'aime mieux ne pas en parler, tu vas encore rire de moi.

Je repris le journal et elle s'enflamma pour de bon:

— Tu vois, cela ne t'intéresse même pas!

Je faillis continuer de lire, mais allais-je risquer un conflit majeur à la maison pour en savoir plus long sur celui du Liban?

— Je t'écoute...

Elle ne dit rien encore. Mon regard se posa sur une mouche qui venait tout à coup d'apparaître sur le bras du fauteuil. À ce temps-ci de l'année — je ne sais si vous l'avez remarqué —, les mouches sont plus noires et plus pataudes. Elles volent avec peine et demeurent longtemps posées au même endroit. Je vins près d'écraser celle-là du bout du doigt, mais je l'épargnai. Elle avait déjà dû avoir assez de mal à survivre jusqu'à la fin d'octobre sans aller mourir bêtement sous l'index d'un homme qu'elle avait maintenant le mérite de désennuyer. L'insecte finit par s'envoler et je regardai ma femme qui n'avait pas encore parlé.

— J'écoute toujours...

— Tu écoutes, mais tu penses à autre chose.

Je protestai avec véhémence, l'assurant que toute mon attention se portait sur elle.

— Tu crois que je n'ai rien vu? T'as passé cinq minutes à observer une mouche qui se promenait sur le fauteuil.

Je braquai les yeux sur ma femme et le silence se rétablit, plus lourd.

— Vas-tu parler à la fin? dis-je, commençant à perdre mon calme.

Elle rougit comme une pomme:

— Si tu penses que je peux parler quand t'es là à me dévisager comme si j'allais dire des bêtises. Merci!

Elle claqua les talons et réapparut, quinze minutes plus tard, pomponnée comme une mariée et prête à sortir.

— Où vas-tu?

— Je sors! J'en connais qui ne se feront pas prier pour m'écouter.

Quand elle referma la porte d'en avant, tout en trembla. Je jouai au solitaire jusqu'à minuit, heure où elle appela pour que j'aille la chercher... chez sa mère!

Une femme d'affaires

— Nous n'avons plus d'argent, cher monsieur!

Je faillis tomber à bas de ma chaise. La banque? Plus d'argent? Le gérant voulait rire. Je le regardai droit dans les yeux, il fit de même et je souris béatement. Poussant sa chaise d'un geste brusque, il tendit la main.

— Je ne suis pas ici pour rire, dit-il en me serrant la main avec froideur de sa patte grise comme une vieille pièce de monnaie.

Il renifla avec autorité et commença de signaler un numéro de téléphone. Pour un sourire que je croyais de mise, j'étais maintenant dans de beaux draps. Comment pouvais-je savoir qu'il ne plaisantait pas? Où allais-je emprunter si la banque n'avait plus d'argent?

Je m'attardai dans le hall, examinant les gens qui faisaient la queue aux guichets. Quelques-uns déposèrent des chèques et une jeune fille échangea deux billets de dix dollars contre des rouleaux de pièces de monnaie. Il ne restait peut-être plus que de la petite monnaie...

J'allais m'engager dans la porte tournante quand je dus céder le passage à deux colosses de la compagnie Brinks qui entraient avec des sacs de toile grise. Il devait s'agir d'une grosse somme, car les deux hommes étaient flanqués d'un policier qui marchait la main sur son revolver. C'était la Providence qui me les envoyait.

Je retournai tout de suite m'asseoir sur le banc de bois qu'on a placé près du bureau du gérant en guise de salle d'attente. Si le gérant ne changeait pas d'idée, j'aurais au moins le plaisir de lui apprendre qu'on venait de refaire les provisions de sa banque. La nouvelle le soulagerait et nous nous quitterions en meilleurs termes que tout à l'heure.

J'étais à ruminer mon entrée en matière lorsque la secrétaire me fit passer dans le bureau. Je m'assis discrètement sur le bout d'une chaise. Encore au téléphone, le gérant me parut de meilleure humeur. Il avait peut-être déjà appris la bonne nouvelle.

Quand il m'aperçut, il se rembrunit tout de suite.

— Qu'est-ce qu'il y a encore? demanda-t-il en mettant la main gauche sur le récepteur de l'appareil.

Je répondis que je revenais dans l'espoir qu'il puisse maintenant me prêter les cinq cents dollars...

Je n'eus pas le temps de finir. Il devint rouge comme mon compte de banque et me signifia littéralement mon congé en lançant avec irritation qu'il n'imprimait pas d'argent.

Il était de si mauvais poil que je ne crus pas bon de lui signifier l'arrivée des mécènes de la Brinks.

Me voyant revenir tête basse à la voiture, ma femme comprit tout de suite que sa machine à laver la vaisselle n'était pas pour tout de suite.

— Quelle raison a-t-il donné cette fois? demanda-t-elle brusquement comme si j'étais coupable.

Je finis pas avouer que la banque n'avait plus d'argent, mais elle pensa que je me moquais d'elle. Je lui racontai alors par le détail mes deux visites successives au gérant, mais elle n'en crut pas un mot.

— Et Paul Desmarais, dit-elle après un long silence, ne m'as-tu pas dit déjà qu'il avait son compte à ta banque?

Je fis signe que oui.

— Son compte n'est sûrement pas à sec. Que la banque y prenne quelques dollars en attendant...

J'essayai d'expliquer que la banque ne pouvait sans doute pas se permettre pareille chose, mais elle descendit de la voiture en disant qu'elle allait voir le gérant elle-même.

Elle revint une demi-heure plus tard, fulminant de rage.

— Tu sais ce qu'il veut ton gérant?

Je hochai la tête.

— Un pot-de-vin!

Je ne pouvais en croire mes oreilles.

— Oui monsieur, un pot-de-vin...

— Comment le sais-tu?

— Il m'a dit qu'il accéderait volontiers à ma demande s'il avait un peu de liquide...

Dans le sens du poil

— Sais-tu ce que j'ai fait aujourd'hui?

— Non...

— Je suis allée voir les manteaux de fourrure.

— Ah...

— J'en ai vu un ravissant, mais je n'ose pas te dire le prix. Un manteau de loutre du Labrador. Tu sais que la fourrure de loutre marine est beaucoup plus recherchée que celle de la loutre qui vit au bord des eaux douces?

— Je ne savais pas.

— C'était une coupe française, très classique. Un manteau droit, à mi-jambe, avec un col de martre.

— Quelle couleur?

— De la martre naturelle. Sais-tu pourquoi on teint la fourrure d'habitude?

— Non.

— Pour en cacher les défauts. Quand les peaux ne sont pas très belles, que leur qualité est inégale, on les passe à la teinture. Si le fourreur n'est pas honnête, l'acheteur se fait avoir.

— Tu veux dire l'acheteuse...

— Il y a beaucoup d'hommes qui achètent des manteaux de fourrure. Ton patron en a un, Charles Aznavour aussi...

— Et Pierre Elliott Trudeau.

— Justement! Je pense que le manteau du Premier ministre est en loutre. C'est une fourrure très résistante, presque inusable. Tu devrais voir le poil, il est fourni et vigoureux. Je n'arriverai pas à passer au travers.

— Tu n'as pas peur de t'en fatiguer?

— Comme disait le marchand: le beau ne se démode pas. Pour dire le vrai, c'est le prix qui m'arrête.

— Faudrait pas hésiter seulement pour une question de prix.

— C'est... c'est que c'est beaucoup d'argent.

— Combien?

— J'ai honte de l'avouer. Cela n'a pas de sens. Tout est si cher: le steak haché a encore augmenté.

— Combien?

— Sept cents la livre! Il n'y a pas si longtemps, je payais quatre-vingt-dix-neuf cents la livre.

— Je parlais toujours du manteau.

— Devine! Donne-moi un chiffre au hasard.

— Dix mille dollars!

— Tu veux rire. On peut avoir un manteau de léopard à ce prix-là, un chinchilla. Jamais je ne payerais autant pour un manteau. Tu me vois me promener dans la rue une fortune sur le dos?

— Deux mille cinq cents?

— Non. Seulement la moitié, plus la taxe évidemment.

— C'est une véritable aubaine! Et tu ne l'as pas acheté?

— Je voulais t'en parler.

— Pourquoi faire? Mille deux cent cinquante piastres! Seulement un mois de salaire! Tu mérites tellement plus. Tu ne penses pas que je vais mesquiner pour un manteau de fourrure? C'est essentiel avec nos hivers.

— Il y a cent dollars de taxe.

— C'est normal, tout le monde doit payer la taxe. Si le manteau t'allait bien, je ne vois pas pourquoi tu n'es pas revenue avec. J'espère qu'on ne le vendra pas à une autre. L'as-tu fait mettre de côté?

— Non.

— Tu aurais dû.

— C'est formidable! Je n'aurais jamais cru avoir un manteau de loutre... Je vais y rêver toute la nuit... À quoi penses-tu?

— Bah... c'est drôle d'imaginer que des peaux de fourrure puissent coûter la même somme que le paiement comptant sur un bungalow.

— Hein?

— Je mentionnais ça pour rire... Mille deux cent cinquante piastres, c'est le montant qu'on me demandait en échange d'une voiture neuve, plus la taxe évidemment.

— Ah! non...

— Je plaisante... On aurait pu avoir du tapis mur à mur pour le même prix ou aller en Europe l'année prochaine. Ou en Floride deux hivers de suite. Rien n'empêche que je suis content au sujet de ton manteau. Quand bien même tu dépenserais un peu pour t'habiller, tu te dépenses assez dans la maison. Les meubles du salon sont encore convenables et je ne vois pas pourquoi on les remplacerait. Incidemment, le proprio m'a dit qu'il n'avait pas d'objection à ce que nous installions une piscine sur sa pelouse l'été prochain...

— C'est combien?

— Neuf cent quatre-vingt-dix-neuf dollars, avec le filtre et tous les accessoires... Pour trois mois d'été, je trouve que c'est trop cher.

— Pas du tout! Je n'ai qu'à ne pas acheter de manteau.

— Jamais de la vie! Ce manteau-là, tu le mérites et je vais te l'acheter avec plaisir.

— Tu n'achèteras rien du tout. A-t-on déjà vu ça un homme qui force sa femme à dépenser? À des prix pareils, je n'en veux pas de ton manteau. C'est moi qui gère le budget, je ferai ce que je veux.

— Bon, si tu tiens absolument à avoir le dernier mot...

3

«Les femmes parlent toujours des joies de
la paternité et des douleurs de la maternité et
elles ne cessent de nous reprocher les unes et
les autres.»

Love story

Chaque soir quand arrive le journal, ma femme s'empare de la section féminine. Le reste ne l'intéresse pas du tout. Hier, une nouvelle la fit bondir d'indignation:

— T'as vu, dit-elle, ils vont forcer les époux à témoigner l'un contre l'autre en cour...

— C'est bien votre faute, dis-je, vous n'aviez qu'à ne pas prôner l'égalité avec les hommes.

— L'égalité des femmes n'a rien à voir là-dedans...

— Alors pourquoi publie-t-on cette nouvelle dans les pages féminines, hein?

— Nous n'avons rien à craindre, dit-elle au lieu de répondre à ma question, c'est vous qui serez les grands perdants.

Quelle candeur! Au jeu de la libération, les femmes ont toujours l'impression que nous perdons au change. Quand une femme travaille hors du foyer, c'est le mari qui y gagne, et quand les femmes auront enfin obtenu la parité de salaire, nous y gagnerons encore davantage.

— Je ne vois vraiment pas comment nous pourrions être perdants, dis-je.

— Ah! non? Savais-tu que presque tous les criminels sont des hommes? S'il faut qu'en plus les femmes soient forcées de témoigner contre eux, les prisons ne seront plus assez grandes... Veux-tu m'expliquer ce qu'un homme pourrait dire en cour contre sa femme?

— Il pourrait au moins invoquer les «circonstances atténuantes», réclamer la clémence de la cour, parce que s'il a été obligé de faire un hold-up, c'est probablement parce que sa femme lui coûtait trop cher...

— Voyons donc! s'exclama-t-elle. Même si c'était vrai, pas un homme n'oserait avouer une chose pareille.

— De toute manière, dis-je négligemment, j'ai lu la nouvelle moi aussi et nous n'aurons pas le choix. Il faudra bien dire la vérité puisque la cour ne reconnaîtra plus le secret des communications entre conjoints.

— Qu'est-ce que ça veut dire?

— Qu'il n'y aura plus rien de secret entre mari et femme, c'est clair.

— Même les lettres?

— Même les lettres!

— Cela signifie donc que même les lettres d'amour que je t'envoie quand tu es en voyage risquent d'aboutir un jour devant le juge?

— Évidemment...

— Là, c'est fort... Eh! bien, si tu veux le savoir, c'est fini les lettres d'amour. Dorénavant, quand tu seras en voyage, tu rongeras ton frein...

Depuis ce soir fatidique, je ne puis m'empêcher de relire chaque jour la lettre d'amour qu'elle m'a envoyée lors de mon dernier voyage:

Mon cher Guy,

Un mot seulement pour t'annoncer que les enfants s'ennuient de toi et qu'ils ont égratigné ton auto avec leurs bicyclettes. J'espère que tu vas les chicaner quand tu reviendras. Hier, je suis allée magasiner avec Béatrice et après nous avons joué aux cartes chez Liliane jusqu'à deux heures du matin. Nous avons eu beaucoup de plaisir. J'ai bien hâte à ton retour parce que le robinet de l'évier coule tout le temps et que le fluorescent de la salle de bains est brûlé.

Ta femme qui t'aime xxx

Si elles l'étaient...

Il y a des moments où je ne peux m'empêcher d'envier mes voisins ou mes amis. Jacques, par exemple, dont la femme est institutrice. Non seulement elle aide ses propres enfants à faire leurs devoirs, libérant Jacques de ce fardeau, mais elle rapporte une bonne paye chaque semaine à la maison. La femme de Pierre, elle, trouve le moyen de s'occuper de son mari, de vaquer aux soins du ménage et de travailler à l'extérieur. La femme d'Alfred a un petit commerce. Elle vend des vêtements aux femmes qui ne travaillent pas, en tire un bon profit et s'habille pour rien. Le prototype de ces femmes payantes, c'est Isabelle, la femme de Roger. Elle est professeure d'éducation physique. Donc, toujours en forme. Comme elle dispense ses cours l'après-midi seulement, elle a trouvé un à-côté le matin dans une agence de voyages et, le samedi, elle travaille comme vendeuse dans un grand magasin. Tout compte fait, elle gagne deux fois plus que Roger.

— Il en a de la chance, Roger, dis-je à ma femme après qu'il eut quitté la maison avec son Isabelle.

— Pourquoi? Qu'est-ce qu'il a de plus que toi?

— Ben...

— Ben quoi?

— Isabelle!

Je sais que je n'aurais pas dû commencer cette conversation, mais ce fut plus fort que moi. Comme un besoin très vif de dialoguer avec ma femme, tel qu'on le préconise.

— Qu'est-ce qu'elle a Isabelle?

— Elle travaille... Tu sais qu'elle gagne presque deux fois le salaire de Roger.

— Et puis après?

— Ben... euh... ça aide, tu ne trouves pas?

Au lieu de répondre, elle sortit la planche à repasser du placard, brancha le fer et se mit à repasser fébrilement. Comme elle ne paraissait pas vouloir dialoguer davantage, je décidai d'enduire mes bottes de silicone. J'étendis un journal sur le comptoir de la cuisine et entrepris de les débarrasser de leur calcium avec de l'eau et du vinaigre.

J'avais fini la première quand ma femme daigna de nouveau m'adresser la parole.

— Veux-tu que je t'apprenne quelque chose au sujet d'Isabelle?

— Euh... si tu veux.

— Elle travaille comme une déchaînée parce qu'elle est frustrée.

— Isabelle frustrée? Voyons donc...

— Certainement. Elle est frustrée parce qu'elle n'a pas d'enfants. C'est une façon de compenser.

— Évidemment, dis-je avec un peu de malice, quand une femme gagne plus que son mari, ça compense.

Elle posa le fer brutalement sur le comptoir.

— Laisse faire tes farces plates. Tu comprends très bien ce que je veux dire. Tu remarqueras que presque toutes les femmes qui n'ont pas d'enfants travaillent comme des folles à l'extérieur du foyer. Il faut bien qu'elles compensent pour ce qu'elles n'ont pas. Veux-tu que j'aille plus loin encore?

Rendue là, je ne voyais pas très bien pourquoi elle se serait arrêtée.

— Vas-y, si ça te soulage...

— Si je te disais que ton Isabelle...

— C'est celle de Roger, hélas!

— En tout cas, Isabelle se sent inférieure.

— Hein? Là tu exagères pas mal...

— Oui, monsieur, elle me l'a dit elle-même. C'est un problème très grave. Elle se sent nettement inférieure par rapport à Roger et aux femmes comme moi.

— Pourquoi?

— Parce qu'elle n'a pas d'enfants...

Elle reprit son fer et recommença à repasser en chantonnant. Pendant que j'inondais mes bottes de silicone, je ne pus m'empêcher de songer à d'autres conversations avec ma femme alors qu'elle m'expliquait qu'à élever des enfants et vaquer au travail de maison, une femme ne peut faire autrement que d'en arriver à se sentir inférieure.

Si les femmes qui ont des enfants finissent par se sentir inférieures et que celles qui n'en ont pas se sentent aussi inférieures, se pourrait-il qu'à la fin du compte les femmes soient vraiment inférieures?

Tout perdu

— Puisque je te dis que c'est la roséole.

— Il est blanc comme un drap.

— Il a le nez tout rouge.

— Il doit faire un peu de fièvre.

— Mon Dieu! S'il faut qu'il fasse de la fièvre.

Ma femme courut chercher le thermomètre, pendant que mon fils regardait le plafond, attendant le diagnostic de sa mère. Elle revint en secouant le thermomètre avec l'ardeur que je mets à ranimer mes stylos-bille.

— Je ne fais pas de fièvre.

— Tais-toi, dit ma femme au malade. Si tu penses que je vais te laisser mourir.

Comme je n'ai pas encore réussi à convaincre ma femme que la température du corps est la même qu'on la prenne d'en haut ou d'en bas, il me fallut encore une fois me battre avec mon fils pour l'immobiliser sur le ventre. Juste à penser qu'on puisse encore au XXe siècle mesurer la température par des méthodes aussi dégradantes, il y a de quoi donner un accès de fièvre au malade le mieux portant.

— Il fait cent, s'exclama ma femme, collant le thermomètre sur son nez. C'est peut-être la rubéole. Il a eu une indigestion et la rubéole commence toujours de cette façon.

— Il a dû manger trop de pâté à la viande.

— Quand?

— Au jour de l'an.

— Le jour de l'an est passé depuis trois semaines.

— Et puis après? J'ai encore sur le cœur le pâté de ta mère.

— Ce n'est pas le temps de faire des farces quand le petit est malade.

— Le petit! Il a douze ans. À cet âge-là, on n'a plus la rubéole.

— Appelle le médecin.

— J'ai parié dix dollars sur les Canadiens, alors je regarde le hockey.

— Tes enfants seraient à l'article de la mort et tu regarderais encore le hockey. Tout à coup c'est la rougeole?

— Il serait rouge. Je le sais, je l'ai déjà eue.

— À quel âge?

— Douze ans.

— Cet enfant-là a sûrement la rougeole. Il a douze ans lui aussi. Si ça tournait en scarlatine...

— Puisqu'il a la rougeole.

— Il y a une épidémie de scarlatine en Angleterre. On ne sait jamais.

Pendant que défilaient devant lui toutes les maladies qui tirent sur le rouge, mon fils ouvrait des yeux grands comme des piastres.

— Il a les yeux exorbités.

— On les aurait à moins.

— Sans moi, il y a longtemps que la maladie nous aurait tous emportés.

Sur ces propos encourageants, ma femme décrocha le téléphone et essaya en vain de rejoindre notre médecin de famille. Il devait être au Forum. À force de discuter, ma femme finit par convaincre son interlocuteur de fournir le nom d'un remplaçant, qu'elle appela sur-le-champ.

Je n'étais pas sitôt installé devant l'appareil de télévision pour regarder la fin de la joute que ma femme me lança un cri:

— Tu pourrais m'aider!

— Qu'est-ce que tu fais?

— Je change le lit. Nous n'allons pas laisser un enfant malade dans des draps pleins de microbes...

Nous finissions à peine de remettre de l'ordre dans la chambre quand on sonna à la porte d'en avant.

— Va ouvrir, moi je suis trop nerveuse.

J'aurais au moins la chance de dire que je n'y étais pour rien, que ma femme a la manie de... mais je ne pus rien expliquer. Le médecin demanda sèchement où était le malade et entra dans la chambre sans prendre la peine d'enlever son manteau. Il sortit trois minutes plus tard, aussi rapidement qu'il était entré.

— Alors, ce n'est rien docteur?

— C'est dix dollars.

— Quoi? Mon médecin de famille ne demande jamais plus que sept.

— Il est resté chez lui n'est-ce pas? Quand je reste à la maison, c'est sept dollars moi aussi!

Il empocha mon billet et sortit sans ajouter un mot.

— Comment veux-tu trouver des maladies à un enfant quand tu l'examines aussi rapidement? conclut ma femme en refermant la porte de la chambre.

J'ouvris l'appareil de télévision juste à temps pour apprendre que les Canadiens avaient perdu, eux aussi.

Un cœur de pierre

— Vous n'emportez pas les cailloux?

Le plombier, qui avait défoncé le plancher de la cave sur une distance d'une dizaine de pieds pour y installer un tuyau d'égout tout neuf, me regarda avec étonnement.

— Pourquoi faire?

Il continua de ranger ses outils. Le tuyau était magnifique: fraîchement goudronné, mince, droit comme un canon de fusil, avec un coude qui piquait tout à coup dans le vieux tuyau au teint terreux et taché de verrues. Il avait eu sa première défaillance en un quart de siècle. Mais grâce à mon plombier de famille, la greffe avait réussi. Restait cette montagne de cailloux...

— Vous êtes sûr que vous ne voulez pas les emporter?

— Ce sont vos cailloux, répondit mon plombier avec emphase. Vous avez payé pour en achetant la maison, ils vous appartiennent. Je ne peux pas les prendre.

Il prit congé. C'était un honnête homme.

— Mon Dieu, qu'est-ce que c'est que ça?

Un peu plus et ma femme s'affaissait en apercevant les cailloux. Elle ne vit rien des joints bien scellés du tuyau neuf, rien de l'extraordinaire enduit noir dont on l'avait revêtu. Seulement les cailloux.

— Il aurait pu nettoyer ses dégâts. Au prix qu'il exige.

Elle parlait bien cavalièrement d'un fonds de terre que je paye chaque mois à la sueur de mon front, capital et intérêts, et dont elle aura l'usufruit si elle me survit.

— Ces cailloux nous appartiennent, dis-je non sans indignation. Ils font partie de notre patrimoine.

— Tu vas m'en débarrasser tout de suite.

Je fis signe que non. Elle n'avait rien compris du tout.

— Jette-les à la poubelle.

— Jamais.

— Eh bien! dans ce cas, choisis: c'est moi ou ton tas de cailloux.

Elle posait le problème en termes tragiques. Dans l'un et l'autre cas, il s'agissait après tout de mon bien propre. Après une nuit de sommeil agité, j'en vins à la conclusion qu'il me serait sans doute plus facile de me débarrasser des cailloux que de ma femme et, avec l'aide des enfants, j'entrepris de remplir mes quatre poubelles, trois boîtes de bois et une caisse de carton. De peine et de misère, je transportai la cargaison en toboggan jusque dans la ruelle.

Les vidangeurs passèrent deux fois sans cueillir les caisses et les poubelles. Ils n'ont évidemment pas l'autorisation de s'approprier le bien d'autrui. Je téléphonai à l'hôtel de ville et un fonctionnaire confirma que les boueurs ne prendraient jamais mes pierres. Il fallait trouver autre chose.

Ma femme me pressait. Je voulus organiser une loterie, mais elle rejeta l'idée, la qualifiant de saugrenue. Je la laissai moi-même tomber de crainte de transgresser la loi. Plusieurs jours d'indécision suivirent.

Un matin, ma femme menaça de faire ses valises et de partir. Je me résignai. Rappelant mon plombier, je lui offris mes cailloux une dernière fois. Il avait dû se lever de très mauvais poil, car il me cria que non seulement il n'en voulait pas, mais que, quant à lui, je pouvais me les...

— Qu'est-ce qu'il a dit? s'enquit ma femme me voyant raccrocher l'appareil.

72

Je baissai la tête en silence, mais elle insista. Je ne pouvais répéter les mots grossiers avec lesquels le plombier venait de parler de ma propriété. Je me tus avec courage et, raidissant les genoux, j'attendis l'orage.

— Eh bien! moi, j'en ai assez, conclut-elle en faisant le geste de partir.

— Non! dis-je. Reste.

Depuis hier, la mort dans l'âme, je vais à pied au bureau et, de temps à autre, plongeant la main dans ma poche de manteau, je laisse, le long de la route, tomber une pierre qui m'appartient.

Chat fera!

— Si mon pauvre père vivait encore, il croirait bien que la fin du monde est proche.

— Pourquoi dis-tu cela? demandai-je à ma femme qui hochait la tête avec incrédulité.

— L'Unesco proclame la déclaration universelle des droits des animaux!

— Comme d'habitude, je suppose que t'as lu seulement le titre et pas l'article.

— Si tu crois que je vais perdre mon temps à lire des bêtises pareilles!

Elle envoya choir le journal au pied de son fauteuil. Heureusement que l'Unesco s'intéresse au sort des animaux parce que ce n'est pas ma femme qui le ferait.

— Alors tu crois que c'est stupide de définir les droits des bê... je veux dire des animaux?

J'avais failli parler de bêtes, mot qu'a évité soigneusement et avec raison la déclaration de l'Unesco. Il est si discriminatoire qu'on devrait le rayer du vocabulaire pour désigner les animaux, tout comme on a épuré le langage de certains défauts qu'on qualifiait de féminins: une candeur toute féminine, une peur bien féminine, un homme efféminé, etc. Comme ma femme n'avait pas répondu à ma question, je décidai de changer son attitude réactionnaire.

— Si tu connaissais le traitement infâme qu'on inflige aux animaux, tu considérerais le geste de l'Unesco avec plus de sympathie. À l'école vétérinaire de Saint-Hyacinthe, on a déjà fixé un hublot dans la bedaine d'une pauvre vache afin de pouvoir observer comment elle ruminait et digérait. On voulait aussi regarder comment se développait le fœtus. C'est terrible qu'on aille se fourrer le nez dans ce qu'une vache a de plus intime!

Ma femme me regarda avec indifférence. L'exemple ne parut pas la troubler le moins du monde.

— Il y a des éleveurs qui entassent leurs poules dans des cubicules grands comme ma main afin qu'elles ne puissent faire rien d'autre que pondre. Quand les poules ne se délestent plus de leurs œufs quotidiens, elles prennent la route de l'abattoir.

— Puis après?

— Tu ne trouves pas ça inhumain?

Elle haussa les épaules.

— Et ce n'est pas le pire. Il y a des gens sans scrupule qui possèdent de belles chiennes de race ou des chattes extraordinaires et qui les forcent à s'accoupler juste pour en tirer profit. L'Unesco a joliment raison de vouloir mettre un frein à cette exploitation éhontée des animaux.

Elle me jeta un regard par en dessous, comme si elle mettait en doute ce que j'avançais.

— La charte va prohiber les spectacles ridicules auxquels on force les animaux dans les cirques et les clubs de nuit.

— Quels spectacles?

— On voit que tu ne sais pas ce qui s'y passe. On affuble les animaux de vêtements ridicules et on les oblige à danser ou faire des pitreries rien que pour amuser la clientèle. Tu ne me croiras pas, mais j'ai déjà vu à la télévision une malheureuse guenon habillée d'un petit soutien-gorge fleuri et d'un cache-sexe minuscule. C'était dégoûtant!

— Je n'ai pas de peine à le croire, murmura ma femme, qui prenait conscience petit à petit du traitement révoltant qu'on fait subir aux meilleurs amis de l'homme.

— Ce n'est pas seulement dans les bandes dessinées qu'on voit des chiens apporter le journal à leur maître, quand ce n'est pas leurs pantoufles. Tu serais étonnée d'apprendre combien de brutes battent leurs chiens s'ils n'obéissent pas ou ne sont pas dociles.

Elle baissa la tête. Mes propos commençaient à la faire réfléchir.

— Pense aux sévices qu'on inflige aux animaux dans les laboratoires! Tout le monde sait qu'il y a des rats et des souris qui passent des jours et même des semaines entre quatre murs pour que ces prétendus savants puissent étudier leurs réactions et en tirer des conclusions. Passerais-tu toute ta semaine entre quatre murs, toi, juste pour faire progresser la science?

— Pour la science, jamais!

— Si l'Unesco pouvait également mettre fin aux épuisantes épreuves sportives auxquelles on soumet les animaux! Avant même qu'elles aient atteint leur maturité, on entraîne des juments à faire des courses...

— Ah! oui? Elles en font combien par semaine? demanda ma femme qui ignorait ce genre de violence.

— Je pense qu'elles font des courses tous les jours!

Ma femme me regarda un long moment, se leva brusquement et s'enfuit dans la cuisine en claquant la porte du salon. Qu'avais-je dit pour provoquer pareille réaction? Je me levai pour me rendre à la cuisine.

— T'es donc bien bête! dis-je en ouvrant la porte.

Elle me fusilla du regard puis, ostensiblement, pila sur la queue du chat qui détala en criant.

Je m'en vais faire une course! dit-elle en sortant précipitamment.

Veau de ville

— Mon Dieu! qu'est-ce que c'est ça?

Ma femme recula épouvantée. Afin que son geste n'apeure pas la pauvre bête que je tenais par le licou, je la flattai doucement entre les deux yeux.

— Ah! non, tu n'entreras pas cette affaire-là dans la maison. Tu es devenu complètement fou.

— Surtout, ne l'énerve pas... Viens, viens mon petit, soufflai-je à l'oreille de la bête qui me suivit docilement au sous-sol où je l'installai sur un vieux tapis de jute.

Quand je pense qu'il arrive que des cultivateurs abattent leurs veaux pour la seule raison que ces bêtes sans défense rapportent moins que ce qu'elles coûtent à nourrir! À ce compte-là, faudrait abattre tout le monde, les femmes et les enfants d'abord. Avez-vous déjà fait le compte de ce qu'il en coûte pour nourrir et habiller une femme? Combien vous donnerait-on la livre sur le marché? Je ne serais pas surpris que vous accusiez un déficit de plusieurs centaines de dollars, même pour une femme de très forte taille. Quant aux enfants, je n'en parle même pas. On sait combien il est difficile de s'en débarrasser tout en mettant le gros prix. Les institutions qui avaient l'habitude de les prendre en pension ont toutes fermé leurs portes.

Nos fermiers disent qu'un veau coûte 60 cents la livre et qu'ils obtiennent au plus 40 cents. Un déficit de 20 cents la livre. Un rien quoi!

J'ai déjà payé 25 $ la livre un caniche de trois mois. 37 livres plus tard, je le vendis pour 150 $, soit 3,75 $ la livre. Il m'avait coûté 15 cents par jour pour la nourriture, 30 $ pour des piqûres, 50 $ de médicaments et de vétérinaire, 3 $ de taxe annuelle et 7,65 $ pour deux colliers. En tout, 260,76 $. C'est 82,92 $ la livre pour une bête que j'ai vendue à 3,75 $ la livre. On est loin du petit déficit que subissent nos fermiers avec leurs veaux.

Pourtant, Dieu sait qu'un veau vaut mieux qu'un caniche! J'ai eu avec ce chien tous les malheurs du monde. Il jappait après les voisins, il perdait son poil, il mangeait mes chaussettes, il rongeait le pied des fauteuils et il pissait même sur le lazy-boy. Si je le laissais seul, il pleurait comme un veau.

Je me demande bien pourquoi le veau n'est plus populaire. Les Hébreux l'adoraient. Ils érigèrent même une belle statue en or en son honneur. À une autre époque, le veau a connu des heures de gloire. Venait-il un visiteur important, un ami très cher, un parent qu'on voulait honorer, on tuait le veau gras et on s'en faisait un festin. Si on s'amusait bien, c'est qu'on riait comme des veaux et quand on voulait se reposer, on faisait le veau sur un bon lit ou un fauteuil. Le veau, comme on dit, faisait partie de la famille.

C'est compréhensible parce que c'est un animal utile et qui ne vous donne aucun souci. Pas besoin d'un collier coûteux. Modeste, il se contente d'un licou de corde et on n'a pas besoin de le sortir matin et soir comme un chien. Le veau ne jappe pas, ne mange pas les chaussettes ou le pied des fauteuils.

Quand je remontai du sous-sol, ma femme fulminait:

— Tu n'as pas l'intention de garder cette sale bête dans la cave?

— Pourquoi pas? Tu serais bien contente d'en faire un jour des escalopes et des blanquettes...

Elle me regarda comme si elle avait eu affaire à un fou furieux.

— Penses-y, dis-je, non seulement nous le mangerons, mais avec la peau je te ferai tailler une belle veste, une paire de gants et même une reliure pour ton livre de recettes favori. C'est tout de même mieux qu'un chien ou qu'un chat qui ne sert à rien et perd son poil partout.

— Écoute, je n'ai pas l'intention de discuter plus long-temps: c'est moi ou c'est lui, lança-t-elle comme un ultimatum en plantant ses poings sur les hanches.

— Surtout, dis-je avec un calme que je ne me connaissais pas, ne me force pas à choisir!

La femme et le thermostat

Maintenant qu'on sait qu'à moins d'adopter des mesures immédiates et souvent radicales, on gèlera comme des rats d'ici l'an 2000, chaque gouvernement, chaque société et même chaque individu y va de sa solution. Hydro-Québec veut nous faire prendre notre bain en pleine nuit pour réduire la demande à l'heure du dîner, le ministère des Transports veut réduire encore la vitesse sur les routes et des inventeurs cherchent désespérément le moyen de faire rouler à l'eau nos moteurs d'automobile.

Tout ça c'est bien beau, mais personne encore n'a eu le courage de s'attaquer à cette catégorie de femmes sans lesquelles nous arriverions à réduire de façon sensible notre consommation d'énergie. Jusqu'à l'âge de quarante ans, la femme consomme pour se réchauffer le même nombre de BTU (British Thermal Unit: quantité de chaleur nécessaire pour élever de $1°$ F la température d'une livre d'eau) qu'un homme du même âge, mais à mesure qu'elle vieillit, l'écart ne cesse de grandir. J'ai calculé qu'à quarante et un ans, par exemple, ma femme avait besoin pour se réchauffer de 6 900 joules (1054,615 joules: 1 BTU) de plus qu'un an plus tôt et que ses besoins avaient continué à progresser de façon exponentielle depuis. Durant la même période, j'avais réussi à diminuer sensiblement le nombre de BTU nécessaire pour me sentir bien. En termes plus simples, plus la femme vieillit, plus elle est frileuse et plus l'homme avance en âge, moins il a besoin de chaleur. La nature a donc bien fait les choses, puisque l'homme, après la quarantaine, est de plus en plus fréquemment requis de se «coller le long de sa vieille», comme on dit familièrement, afin de remédier tant bien que mal à la plus grande demande d'énergie thermique de sa femme.

Malheureusement, les besoins de chaleur de la femme augmentent plus vite qu'ils ne diminuent chez l'homme, et celui-ci doit suppléer en montant le thermostat.

Si on fait la somme des besoins industriels, commerciaux et résidentiels, on s'aperçoit que le chauffage absorbe 30% de toute l'énergie consommée au Québec et que la moitié de cette fraction est destinée à nos maisons. C'est donc dire l'importance capitale que prennent toutes les économies d'énergie dans le domaine du chauffage.

En réalité, on ne chauffe pas sa maison: on y dégage la quantité de chaleur nécessaire pour que le corps y soit à l'aise, compte tenu des déperditions calorifiques de la maison. Qu'est-ce à dire? Que le niveau de température souhaité, la quantité d'isolation thermique, les dimensions et la géométrie de la maison déterminent, pour des conditions extérieures données, le taux requis d'injection de chaleur. À mon âge, je suis parfaitement à l'aise dans une chambre à coucher où le thermomètre marque 14° C. Ma femme, elle, ne peut vivre qu'à 22° et, selon mes sondages, il en va de même chez toutes les femmes de son âge. Chaque fois qu'on réduit d'un degré la température moyenne de la maison, on épargne 7% d'énergie, ce qui signifie que juste à cause de ma femme, ma facture de chauffage est d'au moins 50% plus élevée qu'elle devrait être; et la situation se détériore d'année en année.

Il s'agit d'une situation catastrophique, mais qui serait encore tolérable si l'espérance de vie de ma femme était la même que la mienne, mais tel n'est pas le cas.

Les femmes vivent 6,8 années de plus que les hommes et si le gouvernement ne lance pas tout de suite un Programme

Rapide d'Isolation des Québécoises (le PRIQ), les répercussions seront désastreuses sur notre bilan énergétique.

Le mazout léger compté à 19 cents le litre, j'aurai à dépenser 5 628 dollars — dollars constants —, de plus qu'il ne faudrait pour réchauffer ma femme d'ici à ce qu'elle soit veuve; et durant les 6,8 ans de plus qu'elle vivra seule, elle devra pour compenser sa déperdition de chaleur ajouter 2 671 $ à cette somme.

Le PRIQ doit prévoir de généreuses subventions aux hommes pour les aider à acheter à leurs femmes des manteaux de fourrure, des robes de laine, des chaussures fourrées, des bonnets et des lainages de toutes sortes. C'est l'indépendance énergétique même du Québec qui est en jeu.

L'eau à la bouche

— Tu pourrais en manger une au moins, dis-je, avalant avec gourmandise une huître charnue, dodue et appétissante.

— Juste pour y goûter, renchérit ma femme qui en tenait une autre à bout de fourchette, car elle refuse, malgré les ordres sévères de Raymond Oliver, de les happer à même la coquille.

Mon fils fondit en larmes.

J'aurais sûrement trouvé les mots pour le consoler s'il n'avait eu, dans sa hâte de repousser l'huître que je lui présentais maintenant, la maladresse de l'envoyer choir du revers de la main. On sait combien coûtent ici les belons, gloire des mollusques français. J'aurais bien passé par-dessus la perte de celui-là sans l'obligation que Dieu transmet au père de famille d'inculquer à ses enfants un certain goût pour les mets raffinés.

Pendant que mon fils épongeait de sa manche de chemise ses larmes de crocodile, je cueillis l'huître sur le parquet, soufflai dessus avec soin pour lui redonner son lustre et la plantai sous le nez de cet affreux enfant à qui seuls hot-dogs et hamburgers mettent l'eau à la bouche.

— Celle-là, tu vas l'avaler, bon gré mal gré!

Ayant horreur d'une éducation faite au prix d'une obéissance aveugle, je lui expliquai que le goût pour les mets raffinés ne naît pas spontanément, qu'un gourmet est à l'opposé du gourmand qui ingurgite tout sans distinction, qu'on apprend à marcher après un premier pas, qu'il n'y a jamais de coup de foudre pour les huîtres, mais qu'une envie folle d'en manger s'insinue lentement.

Comme ma femme allait de son côté s'engager dans des explications oiseuses me faisant craindre que mon fils n'apprît par le prétexte des belons des choses qui ne sont pas de son âge, je repris tout de suite la maîtrise de la conversation:

— Tu crois, dis-je, que le premier homme qui a mangé une huître y est allé de gaîté de cœur?

— Justement, répondit-il bêtement, moi, je n'y aurais jamais touché.

— Petit mal élevé!

Ma leçon, il va sans dire, ne m'empêchait pas de dévorer les huîtres l'une après l'autre, avec un plaisir toujours renouvelé.

Chez nous, la manœuvre n'est pas simple. Ma femme refuse d'en ouvrir et je dois travailler pour deux. Cette opération me permit tout de même de chercher à l'adresse de mon fils une phrase plus décisive concordant mieux avec mes principes pédagogiques.

Mon regard s'arrêta soudain sur l'huître que je tenais en main. Les belons, il faut bien l'avouer, ont assez mauvaise mine.

— Qu'est-ce que ça mange une huître? demanda mon fils dans l'espoir évident de changer le sujet de la conversation.

— Euh...

Il courut chercher le dictionnaire. J'allais en avaler une autre quand il se mit à lire d'une voix dédaigneuse:

— Mollusque lamellibranche anisomyaire, scientifiquement appelé ostrea, qui vit immobile, fixé au rocher...

— Tu vois, dis-je, il n'y a rien de sale.

Il continua de lire:

— Des accidents purgatifs et une éruption d'urticaire se produisent quelquefois lorsqu'on mange des huîtres en août ou en juillet...

Mon fils releva la tête.

— Les mois sans «r», c'est bien connu, on ne mange pas d'huîtres, tout le monde sait cela.

J'en pris une autre et il poursuivit:

— Un danger plus grave pour les humains est l'infection des huîtres par les bacilles typhiques et paratyphiques, soit que les eaux d'égout passent dans les parcs à huîtres...

— Eh bien! continue de lire, dis-je abruptement en déposant dans mon assiette l'huître que je venais d'ouvrir.

— On appelle familièrement huître une personne sotte et stupide. Est-ce parce qu'elle mange des huîtres? se permit-il d'ajouter effrontément.

Il y a des moments où un père doit apprendre à se la fermer... comme une huître.

Un coup de mouchoir

Je ne voyage pas souvent. Ni avec ma femme, ni encore moins seul. Il est si rare que je parte de la maison qu'il m'arrive d'envier les ministres ou les voyageurs de commerce dont la moitié de la vie se passe dans de beaux draps, chaque soir, et qui découvrent, chaque matin, à la fenêtre de leur chambre des paysages neufs et inattendus.

Moi, je me contente de faire la navette quotidienne entre le bureau et mon foyer. J'ai beau changer de route, emprunter des rues différentes, les surprises sont plus rares que des diamants.

La semaine dernière, mon travail m'appela enfin à l'extérieur de la ville pour un jour et une nuit. Par manque d'habitude, mon départ fut aussi compliqué que si j'avais soudain renoncé au monde pour entrer dans les ordres. Ma femme passa plus de trois heures à préparer ma valise, dressant des hypothèses qui avaient de grandes répercussions sur le choix des choses que j'y retrouverais. On prévoyait du temps doux, mais à cette époque de l'année les refroidissements sont subits. Elle ajouta donc un tricot. Elle glissa dans ma valise des sels de fruit au cas où je digérerais mal le souper que je prendrais forcément à l'hôtel, des comprimés destinés à blinder mes

intestins contre le changement d'eau potable et des sous-vête-
ments d'urgence au cas où les comprimés n'auraient pas l'effet
souhaité sur les effets du changement d'eau. Elle inséra une
lame neuve dans mon rasoir qu'elle enveloppa dans des mouchoirs de papier, qui me seraient sûrement utiles si je devenais
à court de mouchoirs. Elle fourra tout de même deux mouchoirs dans la valise.

Les préparatifs furent longs, empreints de tant de précautions que c'est à peine si je fermai l'œil de la nuit. J'avais le
pressentiment troublant que je ne reviendrais pas et c'est sans
doute pourquoi, trente-six heures plus tard, je souris largement
en mettant les pieds à la maison.

Ma femme, qui m'accueillit, s'assombrit aussitôt en
m'apercevant. Elle m'embrassa du bout des lèvres, puis me
toisa des pieds à la tête.

— Tu me caches quelque chose.

Je ne lui cachais rien du tout, surtout pas le plaisir que
j'éprouvais à être de retour, le voyage ayant été sans grand
intérêt.

Elle sauta sur ma valise qu'elle ouvrit avec l'air malicieux
d'un douanier qui démasque son premier contrebandier.

— Qui a plié tes chemises?

— Mais c'est moi...

Elle fouilla sous les chemises, puis empoigna l'un après
l'autre les deux mouchoirs que j'avais utilisés. Elle les ouvrit,
les fit claquer comme des drapeaux, les plaça devant ses yeux
comme un photographe qui scrute une photo qu'il vient de
développer et les lança sur la table. Elle plongea encore la main
dans la valise et faillit se couper sur mon rasoir.

— Où sont les mouchoirs de papier? J'imagine que tu les
as pris pour ne pas laisser de traces. Et ton pantalon? Il est bien
pressé pour un homme qui revient de voyage.

— Ceux qui sont dans la valise, je ne les ai pas portés.

— Menteur! Tu ferais mieux de dire que tu les as enlevés
avant de trop les froisser...

Elle sortit les pantalons, reprit les chemises. Elle examina
les cols, les épaules, les plastrons, les sentit bruyamment, puis
m'en présenta une:

— Plie-la.

Je couchai la chemise sur la table, rattachai les boutons, puis je rabattis les manches contre le dos, mais dans ma hâte j'oubliai de replier chacun des côtés afin de rétrécir la surface occupée par le vêtement...

Ma femme m'arracha la chemise des mains avant que je n'aie pu racheter mon erreur.

— Qui les a pliées? Tu penses que je ne vois pas clair? Monsieur arrive de voyage avec des mouchoirs presque imma- culés, des pantalons encore bien pressés, des chemises pliées comme chez le Chinois et il voudrait que je pense qu'il n'a rien fait? Tu m'as trompée!

— Mais jamais de la vie.

— Alors pourquoi es-tu arrivé d'aussi belle humeur, hein?

Elle éclata en larmes. Sans penser plus long que mon nez, je mis la main dans ma poche et lui donnai mon mouchoir. Elle s'essuya les yeux, le nez, la bouche, se rasséréna avant de se déchaîner brusquement:

— Et tu oses me présenter un mouchoir taché de rouge? Tu es ignoble...

Là, je l'avais, mon voyage!

4

Durant la lune de miel plusieurs femmes trouvent motif à une première querelle; d'autres ne s'adaptent pas si vite à la vie conjugale.

Le rouge et le noir

Je ne sais pas pourquoi, mais en vieillissant les femmes ont tendance à négliger leur apparence. Quand elles sont heureuses, évidemment, car les autres, je dois l'admettre, ont des tendances opposées. Toutes les veuves, toutes les divorcées et toutes les femmes séparées que je connais — et je ne sais si leur nombre augmente ou si je les remarque davantage, mais il me semble qu'il y en a de plus en plus —, sont, même après la quarantaine, très attirantes. J'ai aussi noté que les femmes dont la vie conjugale ne tourne pas rond commencent à soigner leur allure dès qu'elles lorgnent de l'autre côté de la clôture. Comme les politiciens qui comptent sur une majorité confortable, les femmes filant le parfait bonheur conjugal depuis trop longtemps sont portées à s'endormir sur leur acquis, pour ne pas dire qu'elles sont enclines à s'endormir tout court!

Pour des raisons aussi mystérieuses, le phénomène contraire se produit chez l'homme. Dès qu'il atteint la quarantaine, on dirait qu'il prend plus de soin de sa personne. Il ne passerait pas un jour sans se faire la barbe ni s'asperger généreusement d'eau de Cologne, et les moindres signes de calvitie le mettent dans tous ses états.

Sans que je puisse étayer ma thèse de manière scientifique, c'est comme si la femme passait la première moitié de sa vie à plaire à l'homme et l'homme la dernière moitié de la sienne à plaire à sa femme. Même s'il s'agit là d'un juste retour des choses et de la preuve de l'équilibre entre les sexes, il n'en reste pas moins que la vue d'une femme négligée est très affligeante pour un homme encore amoureux.

Il y a longtemps que je voulais aborder la question avec ma femme, mais j'attendais l'occasion. C'est encore une fois le journal — la presse fait plus pour le dialogue entre époux que psychologues ou grâce d'état —, qui me fournit le prétexte rêvé.

Après avoir lu à ma femme une nouvelle de première page annonçant que des savants avaient à volonté provoqué le cancer chez de petits animaux en les astreignant à une régime étouffant de fumée de cigarette et avaient ensuite presque à volonté fait disparaître toute trace de cancer avec du rouge à lèvres, je lui dis qu'elle devrait recommencer à se maquiller.

— Qu'est-ce que tu veux dire? demanda-t-elle, me lançant un regard que la pâleur de son visage rendait encore plus sévère.

— Bien... Tu devrais au moins te mettre du rouge à lèvres comme tu le faisais avant.

— Tu le sais que je fais des allergies!

— Mais si ça peut éviter le cancer, dis-je dans un souffle tant le seul nom de la maladie m'épouvante.

— Ce n'est pas moi qui ai peur du cancer, dit-elle, c'est toi!

Que pouvais-je ajouter? Elle devait bien savoir qu'il existe des marques de rouge anallergique puisque les magazines qu'elle lit à cœur de jour en annoncent à pleines pages. Je mis fin à ma tentative de lui faire comprendre le sens de mon intervention, qui n'avait rien à voir avec ma peur naturelle du cancer, mais plutôt avec mon désir de la retrouver plus jeune, fardée et maquillée, plus attrayante et plus féminine.

Un matin de cette semaine, alors que je pensais faire la grasse matinée à cause d'une réception à laquelle j'avais assisté la veille, ma femme m'éveilla à la même heure que d'habitude et commença tout de suite à m'interroger sur ma soirée. J'avais d'autant moins le goût de l'entendre que la tête me fendait.

Après trois ou quatre questions anodines posées sur un ton souriant, elle devint soudain aigre-douce.

— Je suppose que t'as fumé comme une cheminée?

— Euh... Trop, comme d'habitude. Je suis sûr que c'est pour cette raison que je me sens si mal ce matin.

— Tu le sais que la cigarette t'est dommageable...

J'allais faire humblement signe que oui lorsque, avec ma chemise roulée en boule, elle me lança:

— Heureusement que t'as pensé à éviter le pire!

Je déroulai ma chemise avec appréhension: le col était abondamment taché de rouge à lèvres!

L'homme adultère

— À quoi tu penses?
— Euh... rien. Je regardais.
— Quoi?
— Toi! c't'affaire.

J'ai toujours été fasciné par les séances de démaquillage de ma femme. Qu'elle mette une demi-heure le matin pour se refaire de la nuit, je peux toujours comprendre. Quand j'aperçois le sac de maquillage auquel elle s'accroche comme à une bouée, je m'étonne même que la séance ne dure qu'une trentaine de minutes. Il y a dans cette pochette une bonne demi-douzaine de boîtes de plastique qui ressemblent aux boîtes à colorier que j'avais enfant, des fioles de divers formats, des tubes pleins d'onguents qui vont du verdâtre au blanc en passant par toutes les teintes de rose; des pinceaux, des éponges, des limes d'émeri, des bâtonnets, des pinces, des ciseaux et des tampons d'ouate qui se répandent partout comme des chats qui muent. Comment une femme arrive-t-elle à se débrouiller dans un pareil fourbi alors qu'elle est encore tout endormie? C'est un mystère.

Mais le soir, pourquoi prendre le même temps pour se débarrasser de ce qui reste du matin? Peut-être que le démaquillage tient lieu de méditation... Peut-être que c'est le seul moment durant lequel une femme réfléchit. C'est possible parce que ma femme accomplit l'opération dans le silence le plus complet, ce qui me permet de méditer enfin. À moins que je ne la regarde fixément parce que... parce que...

— Tu m'énerves à la fin, dit-elle, je ne vois plus que toi dans mon miroir.

Comme j'étais assis sur le lit et qu'elle me tournait le dos, c'est par le biais du miroir de la coiffeuse que j'observais ma femme avec attention. Même si j'avais eu une grosse journée, il me restait encore plein d'énergie et je n'avais pas du tout sommeil. Je pense que ma femme est plus belle démaquillée. En plein jour, je ne sais pas, mais dans la pénombre de notre chambre, j'en suis sûr.

— Cesse de me regarder... Oh! je le savais. J'ai du mascara dans l'œil.

Elle baissa brusquement la tête, trempa un tampon d'ouate dans un verre d'eau et épongea l'œil qui piquait. Quand elle releva la tête, nos regards se croisèrent dans la glace encore une fois. Je souris un peu et elle virevolta sur son tabouret.

— Au moins ne souris pas...

— Pourquoi?

— Tu t'es pas vu. T'as l'air d'un maniaque...

— Écoute, si on n'a même plus le droit de regarder sa femme...

— Justement, j'aimerais savoir comment tu me regardes.

— Avec mes yeux!

— Idiot... De toute façon, je ne sais pas pourquoi je te pose la question, je suis sûre que tu me regardais avec... avec convoitise!

Je pouffai de rire et elle s'en offensa. Si je ne voulais pas que s'évanouisse sur-le-champ toute chance de bien terminer la soirée, il fallait ajouter tout de suite quelque chose.

— Écoute, comment veux-tu que je te regarde?

— Avec amour, un point c'est tout.

— Mais c'est la même chose!

— Comment veux-tu que je me sente bien? répliqua-t-elle sur un ton dépité. Tu ne connais même pas la différence entre regarder une femme avec amour et la regarder avec convoitise.

— J'aimerais bien savoir qui peut la faire, cette différence.

— Peut-être que tu vas rire, dit-elle se tournant de nouveau vers son miroir, mais le Pape est capable, lui, et il n'est même pas marié.

Heureusement, car il ne serait sûrement plus infaillible!

La robe rouge

— Il me faudrait de l'argent...

— Encore!

— Tu ne t'imagines pas que je vais aller aux noces de ta sœur avec une vieille robe? Et puis les enfants n'ont rien à se mettre sur le dos...

Je l'attendais. Si ma femme désire des souliers, elle prétend que mes fils ont des trous grands comme ça dans les leurs; si elle veut une robe, qu'ils n'ont plus rien de convenable à porter.

— Et ta robe rouge?

— Ma robe rouge? Elle est bien trop longue pour la mode.

— Tu pourrais peut-être la raccourcir...

Les enfants me regardèrent avec appréhension.

— Puisque c'est comme ça, conclut ma femme en se levant de table, tu iras aux noces de ta sœur tout seul!

Les enfants se mirent à pleurer, se levant de table à leur tour, et je restai seul dans la cuisine, pendant que ma femme, dans sa chambre, ouvrait et refermait avec fracas les tiroirs de la commode.

Toujours la même histoire!

De retour de voyage de noces, j'avais pourtant préparé avec soin le budget familial. Mon salaire fut divisé en deux parties égales: la plus grosse pour la nourriture, les vêtements et le loyer, et le reste — une somme ridicule — pour mes petites dépenses, les assurances et les meubles.

Encore tout à la passion de la lune de miel, j'inscrivis au budget une allocation pour ma femme. Comme elle n'en avait pas besoin puisqu'elle restait à la maison, elle jura, les larmes aux yeux, qu'elle épargnerait ces billets hebdomadaires de cinq dollars pour s'habiller. Quand on est jeune, on est plus prêt à s'imposer les sacrifices qu'il faut pour avoir une femme bien mise.

Ses bonnes dispositions furent de très courte durée. Six ans plus tard, elle réclama mon boni de Noël pour acheter un manteau de fourrure et me fit une scène dont je me souviens encore. Elle irait plutôt nue dans la neige que de porter un hiver de plus le manteau de Perse que lui avait cédé sa mère quelques années plus tôt. Non contente de son esclandre, elle se plaignit à sa mère, qui menaça de reprendre son manteau, mais non sa fille, comme de raison. L'histoire du manteau fit le tour de la parenté et, la veille du jour de l'an, je me résignai à remettre mon boni afin de ne pas envenimer les relations avec ma belle famille.

Chaque année par la suite, mon boni de Noël y passa, même si je donne toujours à ma femme son allocation hebdomadaire.

Pour finir le plat, quand elle a besoin d'argent, elle a le toupet de le quémander devant les enfants, à qui j'essaie tant bien que mal d'inculquer des principes élémentaires d'épargne et d'économie.

Pour sa robe rouge, elle attendrait.

Mais ma femme est assez têtue pour priver ses propres enfants d'aller aux noces de leur tante plutôt que de mettre sa robe rouge. Encore une fois je dirais oui, mais le lendemain, pour qu'elle n'ait pas la tentation de savourer une victoire trop aisément gagnée.

Quand je rentrai du bureau, le jour suivant, la bonne humeur et la paix étaient revenues au foyer. Les enfants mangeaient des tartines de confiture et ma femme, assise dans la cuisine, défaisait le bord de sa robe rouge. Elle s'était donc ravisée.

— Tu vois bien que j'avais raison, dis-je en l'embrassant dans le cou avec tendresse.

Elle me regarda sans comprendre.

— J'ai fait un chèque, dit-elle se levant pour poser la robe devant elle.

— Mais ce n'est pas ta vieille robe rouge?

— Non, répondit-elle comme si rien n'était arrivé. Je l'ai achetée cet après-midi. L'aimes-tu?

Avant que j'aie pu me ressaisir, elle ajouta sans broncher:

— Elle est trop longue, mais je vais la raccourcir!

La boîte magique

Quand je revins dans la chambre après avoir pris mon bain, ma femme enfouie dans deux oreillers qu'elle avait appuyés contre le mur et les jambes étendues en V sur toute la largeur du lit, était absorbée dans la lecture du journal. Je me laissai choir sur le bord du lit et allumai une cigarette.

— Extraordinaire! s'écria-t-elle tout à coup. Quel médecin!

On avait dû inventer une autre pilule.

— Tu sais quoi? Un docteur qui dirigeait la NASA vient d'inventer une boîte magique.

— Pour les pilules?

— Pour la maison, idiot! C'est le gadget de l'avenir. Veux-tu savoir ce qu'il peut faire?

Mon grognement fut affirmatif.

— Cette invention-là, commença ma femme, se souviendra de tout, d'absolument tout. Elle aura une mémoire à haute vitesse.

— Tu veux dire qu'elle ne laissera rien coller sur le feu, qu'elle pourra se souvenir que j'ai des trous dans mes chaussettes, qu'il manque un bouton à ma chemise bleue, que la poche de mon imperméable est décousue et qu'il faut m'éveiller à huit heures trente demain?

— Non seulement cela. Elle pourra après t'avoir éveillé, te donner les dernières nouvelles tout en préparant le petit déjeuner qu'elle te servira au lit.

— Sensationnel!

— Ce n'est pas tout. Quand tu seras prêt à partir pour le bureau, la machine t'appellera un taxi et attendra sur la ligne jusqu'à ce que la voiture soit en route. Tu n'auras même pas à patienter dehors sur le trottoir.

— Je n'en demanderais pas tant...

— Laisse-moi continuer. La boîte magique choisira les meilleures viandes à la boucherie, les légumes les plus frais au marché et les fera livrer à la maison.

Je commençais à être un peu sceptique. Ma femme dut s'en apercevoir.

— C'est bel et bien écrit dans le journal, donc c'est vrai. L'invention choisira aussi les vêtements pour toute la famille, comparera les prix afin de profiter des aubaines et sera pourvue d'un petit mécanisme de défense chargé de la prévenir lorsqu'elle serait portée à faire des extravagances.

— Incroyable!

— Si les achats dépassent les capacités de ton budget, par exemple, la boîte magique suggérera gentiment de les remettre à plus tard ou de les espacer.

— Est-ce qu'elle pourrait aller jusqu'à demander une augmentation de salaire?

Ma femme jeta un coup d'œil au journal.

— Ce n'est pas marqué... Mais sais-tu qu'elle pourra te trouver un partenaire de golf et te retenir une place au théâtre, qu'elle prendra les messages en ton absence et préparera les repas à l'heure exacte?

— Je n'en reviens pas.

— Minute! Elle fera également le budget, tiendra la comptabilité, préparera ton rapport d'impôt...

J'étais devenu tout aussi enthousiaste que ma femme.

— Il faut se procurer tout de suite cette boîte magique. Et à n'importe quel prix! C'est tout simplement ce qui manque à mon bonheur.

— Malheureusement, répondit ma femme, elle ne sera pas sur le marché avant l'an 2000...

— C'est impossible, dis-je, mon père en avait une il y a déjà plusieurs années.

— Tu ne m'en avais jamais parlé, s'écria ma femme aussi indignée que surprise.

— C'était ma mère!

J'ai du mérite

— C'est formidable, une femme peut même avoir un super-bébé si elle le désire.

— Un super-bébé?

L'espace d'un instant, je crus que grâce à la science les femmes pourraient désormais mettre au monde un bébé déjà élevé, qui passerait toutes ses nuits à dormir, qui serait propre et n'aurait pas besoin de couches, qui demanderait ce qu'il veut et même qui saurait lire. Mais ce n'était pas le cas. Ma femme me fit part de l'initiative d'un certain Robert Graham, homme d'affaires américain, qui a mis sur pied une banque de sperme provenant de certains lauréats des prix Nobel, les plus jeunes d'entre eux sans aucun doute. Moyennant une somme que l'article du journal n'indiquait pas, une femme peut recevoir la précieuse semence d'un physicien ou d'un biologiste déjà couronné par l'Académie de Stockholm.

— C'est rien de nouveau, dis-je, le Saint-Esprit a déjà fait pareil.

— Et on ne peut pas dire que les résultats n'ont pas été probants, ajouta-t-elle le plus sérieusement du monde, comme si mon commentaire n'avait rien eu d'ironique.

Elle termina la lecture de l'article, envoya la tête en arrière et accrocha son regard dans le vague. Pourquoi une nouvelle comme celle-là pouvait-elle sur ma femme faire tant d'effet? À ce compte-là, je pourrais rêver d'un enfant avec Raquel Welch, Sophia Loren ou une toute jeune pin-up comme Bo Derek.

— J'espère que tu ne t'imagines pas que tu aurais fait des enfants plus intelligents avec Raquel Welch?

Je pensais plutôt à leur apparence physique mais je me retins d'en parler car elle aurait sûrement mal pris la chose. De toute façon, mes enfants n'ont guère à envier aux autres. Ils pourraient être plus grands, plus minces, avoir les cheveux plus souples et un plus beau sourire, mais ils seraient probablement insignifiants comme presque tous les hommes beaux que je connais.

— Être la mère d'un Einstein ou d'un docteur Fleming!

Vraiment, elle rêvait en couleur. Je ne vois pas très bien l'intérêt d'être la mère d'un homme célèbre puisque toutes les célébrités atteignent la renommée à un âge avancé alors que leurs père et mère sont morts depuis longtemps. À ce compte-là, mieux vaut être la mère de Guy Lafleur ou de Pierre Mondou. Au moins dans le sport, la réputation n'attend pas le nombre des années.

— Surtout ne compare pas un Guy Lafleur à un Einstein!

Ma femme ajouta que l'avantage extraordinaire de cette banque de sperme est précisément de savoir dès la conception qu'on donnera naissance à un savant ou à un grand écrivain.

— T'aurais pas aimé ça, demanda-t-elle, être le père d'un François Mauriac, d'un André Gide ou d'un Bernard Shaw?

— Être le père! C'est une façon de parler, dis-je, puisque d'après ce que tu racontes, je n'aurais pas eu grand-chose à faire dans cette histoire.

— Pour ce que t'as fait pour les deux nôtres! laissa-t-elle tomber en plissant le nez et reniflant avec mépris.

Voilà ce que je n'arrive pas à prendre des femmes: leur épouvantable manque de logique. Depuis quelques minutes, elle m'entretenait des mérites insignes de cette banque de sperme dans laquelle une femme ambitieuse peut puiser un futur physicien de renommée internationale, un grand de la littérature ou le prochain prix Nobel de médecine, admettant de ce fait que c'est la semence de l'homme qui est la vraie responsable du quotient intellectuel des rejetons. Et là, parce que je ne me sentais aucune inclination à jouer à saint Joseph pour le petit Bernard Shaw, elle m'enlevait d'un seul coup ce que me doivent mes enfants.

— Nos enfants ne sont peut-être pas des Einstein, dis-je vivement, mais au moins ils sont de moi.

Savez-vous ce qu'elle a répondu? Rien, c'est bien le pire. Elle s'est contentée de sourire puis a repris son journal pour s'y cacher la face.

Je connais des pays où l'on commet des crimes passionnels pour moins que ça et des hommes qui ont eu le prix Nobel de la paix avec moins de mérite que j'en ai à me taire.

Elle dit non

— Qu'on ait voté oui ou non au référendum, sais-tu que ça ne change pas grand-chose?

— Comment ça?

— De toute manière, d'ici cent ans il ne restera plus un chat au Québec!

Je regardai ma femme avec étonnement. Comment pouvait-elle faire pareille affirmation? Elle vit bien que je n'y comprenais rien et m'expliqua que le Québec perd en moyenne 60 000 citoyens par année qui vont s'établir ailleurs, la moitié ou presque en Ontario et les autres dans le reste du Canada et à l'étranger.

— Où t'as pris ces chiffres?

— Dans le journal, répondit-elle en exhibant «la une» du cahier Économie et finances.

Je ne pus que hocher la tête en souriant. Heureusement que ma femme n'est pas commentatrice à la radio ou à la télévision, car nous serions encore plus confus que nous ne le sommes déjà. Sans finir de déboutonner ma chemise, je pris le journal pour essayer de comprendre et surtout pour pouvoir lui expliquer qu'elle avait mal compris. C'était comme je pen-

106

sais. Les Québécois quittent la province à un rythme de 50 000 à 60 000 par année, soit, mais il y en a qui arrivent...

— T'en as oublié des bouts. Prends seulement l'année dernière. À peu près 55 000 personnes ont quitté le Québec, mais il en est venu au monde 93 000 et presque 20 000 immigrants se sont établis ici.

— Oui, mais y'a tous ceux qui meurent...

En fouillant rapidement le tableau, je vis que la mort avait emporté 43 000 des nôtres cette année-là. Tu vois qu'on reste tout de même avec un surplus...

— De combien?

Comme le tableau ne l'indiquait pas, je m'assis à ma table de travail, pris un crayon et fis le calcul.

— C'est bien ce que je pensais... Nous avons fini l'année avec 15 000 personnes de plus.

— Donne-moi le journal!

Je le lui remis pendant que je continuais de me déshabiller. Comme je pliais soigneusement mon pantalon pour le poser à cheval sur le dossier du fauteuil, elle lança un «ah! ah!» qui n'avait rien d'équivoque. Elle était certaine d'avoir trouvé quelque chose que je n'aurais pas compris moi-même.

— Ouais, mais t'as pas remarqué qu'il meurt de plus en plus de monde.

— C'est pas possible, dis-je en me glissant sous les couvertures, avec la médecine moderne...

— Les médecins ne font pas de miracles. La journaliste écrit que les décès vont augmenter encore parce que notre population est de plus en plus vieille.

— On aura juste à faire plus d'enfants pour compenser.

Je passai gentiment ma main sous sa nuque.

— Qui ça, «on»? D'ici 10 ans, le nombre de jeunes de 25 à 30 ans aura diminué encore de moitié.

— On peut avoir des enfants bien après 30 ans. Quand on est juste six millions, faut...

De ma main libre, je lui caressai l'épaule.

— Faut quoi? demanda-t-elle.

— Tu sais bien ce que je veux dire. Même les gens de notre âge devront se résigner à faire des enfants si on veut un Québec fort. En tout cas, on peut toujours essayer...

Elle hésita une seconde, puis s'assit vivement dans le lit:

— Si tu penses au Québec, tu fais mieux de rester tranquille. À ton âge, c'est bien trop dangereux.

Quand elle était jeune, je restais tranquille parce que c'était dangereux pour les enfants; maintenant il me faut rester tranquille parce que c'est dangereux pour moi! Comment voulez-vous que la population augmente?

La voix de la conscience

— Où est mon paquet de cigarettes?

Personne ne répondit, ni ma femme ni mon fils.

Blaireau d'une main, rasoir de l'autre, je parcourus la maison comme une âme en peine, ouvrant les tiroirs, déplaçant journaux et magazines, ratissant chaque coin du logis. Je revins bredouille dans la salle de bains et m'assis, hagard, sur le bord de la baignoire. Comment se faire la barbe sans d'abord tirer une touche? J'allais sombrer dans la torpeur, lorsque des coups secs comme des détonations — ou des tiroirs que l'on referme brusquement — me tirèrent graduellement du naufrage. Ma femme, en pantoufles des pieds à la tête, s'encadra dans la porte.

— Non, mais avez-vous déjà vu pareil ouragan? Quand apprendras-tu à t'éveiller sans virer la maison sens dessus dessous?

— As-tu mes cigarettes? Je...

Je ne pus en dire davantage: la mousse qui avait séché sur mes joues me paralysait comme une thrombose. Il faut ajouter que ma femme, dans cette tenue matinale, couperait le sifflet à Cicéron. Elle disparut comme elle était venue.

Un peu plus tard, comme je venais de me couper le menton pour la quatrième fois, le paquet de cigarettes que j'avais cherché vint «amerrir» dans l'eau du lavabo.

— Il est vide, dit ma femme après l'avoir lancé.

— Vide?

— Tu t'expliqueras avec ton garçon.

Ce choc m'éveilla tout à fait. Le petit malheureux avait donc commencé de fumer, et en cachette par surcroît! Après avoir collé sur ma quatrième coupure une quatrième pièce de papier hygiénique, je m'habillai à la vitesse d'un pompier et accourus dans la cuisine, où mon fils mangeait avec l'appétit d'un honnête homme. Il n'allait pas s'en tirer ainsi.

— Tu fumes en cachette maintenant?

Il me regarda comme un premier communiant.

— À ton âge, mon garçon, je...

— Tu fumais des cheveux d'épi de blé d'Inde, enchaîna ma femme toujours rapide à me faire perdre mes moyens chaque fois que j'entreprends avec les enfants une grave explication.

Il me fallut donc narrer dans le menu détail comment j'avais d'abord volé la pipe du frère enseignant, quelques épis de blé d'Inde dans le potager du presbytère et de grosses allumettes de bois sur la crédence à lampions de l'église paroissiale. J'avais ensuite tiré mes premières bouffées à l'abri du mur de la sacristie.

— Tu sais ce qui est arrivé?

Mon fils fit signe que non.

— Le petit Jésus m'a puni: j'ai été malade comme un chien.

— Ah! fit-il, expliquant qu'il n'avait ressenti aucun malaise après avoir fumé.

— Le petit Jésus t'a puni parce que tu avais commis des vols sacrilèges, trancha ma femme en déposant sur la table un œuf au miroir.

Je faillis la faire taire d'un juron, mais l'œuf me fixait comme l'œil de Dieu.

— Écoute bien, dis-je à mon fils. Une autre fois...

Et je racontai comment, plusieurs semaines après, j'avais chipé la dernière cigarette de mon père pour la fumer, chemin faisant vers l'école, scandalisant ainsi mes petits camarades.

— Qu'est-il arrivé cette fois? demanda ma femme qui entendait cette histoire pour la première fois.

— Euh... j'entendis une petite voix me dire que j'avais très mal agi et que mon père ne manquerait pas de me punir comme le petit Jésus.

Cet exemple frappa juste.

— Moi aussi, j'ai entendu une petite voix, s'exclama mon fils en essuyant le vilain cerne jaune qu'avait laissé le jaune d'œuf autour de sa bouche.

— C'est la conscience! dis-je en guise de conclusion. Il faut toujours l'écouter.

Je l'avais troublé. Il réfléchit un moment, puis demanda d'un ton suave:

— Papa, la conscience, est-ce la petite voix qui dit de ne pas faire une chose ou celle qui dit de la faire?

Sourire aux lèvres

Parce qu'elles imaginent le mariage fondé uniquement sur l'amour, les femmes croient tout ce qu'on dit sur l'amour, notamment que l'habitude le tue sans rémission. Moi, je n'ai aucune objection contre les petites habitudes. Je ne me suis jamais refusé, par exemple, à déposer la cendre de ma cigarette dans les soucoupes, à lire mon journal au déjeuner, à rentrer tard le soir, à décorer la chambre de mes vêtements ou à faire la grasse matinée. Seule ma femme prétend que l'habitude tue la vie conjugale. Mon amour n'a pas baissé pour tout ça.

La bonne humeur, c'est une question d'habitude. Prenez le cas de ma voisine. Elle a pris l'habitude de sourire et je suis sûr que sa vie conjugale s'en porte mieux. En tout cas, je voudrais bien voir ma femme aussi souriante que la voisine, surtout quand elle repasse mes chemises. Je la regardais faire, du coin de l'œil, cet après-midi, alors que je me préparais à partir.

— Je n'ai jamais vu une chemise se repasser si mal!

Ma femme déposa son fer avec fracas sur la planche à repasser et soupira d'impatience avant de se remettre à torturer ma belle chemise du dimanche, dans l'espoir d'y faire disparaître un faux pli.

112

Je ne pus m'empêcher d'imaginer le visage sans cesse souriant de notre voisine de palier.

Pendant que j'observais ma femme, elle coucha de nouveau la chemise sur la planche et appliqua le fer d'un geste brusque, comme une infirmière applique un cataplasme. Ce fut la catastrophe! Ma queue de chemise restera à vie marquée au fer rouge.

— Tu vois où mène la colère. Quand je pense que notre voisine de palier trouve chaque semaine le temps de repasser les surplis de ses deux fils, enfants de chœur!

— Et les jupes plissées de ses filles, enchaîna ma femme qui se laissa choir avec nonchalance dans un fauteuil.

— Je n'ai plus de chaussettes à me mettre aux pieds. À ce rythme-là, j'arriverai après le souper.

Elle soupira encore, prit une vieille ampoule électrique, glissa une chaussette dessus, enfila son aiguille à laine et se mit à ravauder sans perdre sa mauvaise humeur.

Comme s'il n'était pas plus facile de sourire en travaillant!

L'autre matin, me rendant au bureau, je vis sur son balcon la voisine qui frottait, en chantant, son linge sur une planche à laver. Même si elle n'a pas tous ces accessoires électriques qui accomplissent presque seuls les tâches ménagères, la voisine est toujours souriante et débordante de belle humeur.

— Aussi bien en tricoter une autre, lança ma femme, il y a plus de trous que de laine dans cette chaussette...

Elle coupa avec ses dents le brin de laine qui retenait son aiguille et exhiba la minable chaussette, tirant si fort aux deux bouts qu'elle la déchira.

— C'est bien la preuve qu'elle était usée à la corde!

Comme si je pouvais me payer des chaussettes neuves à chaque sortie.

Je revis, malgré moi, sur la corde à linge de la voisine, les chaussettes d'enfants, ravaudées avec l'amour que mettent à cette tâche les sœurs du couvent.

Ma femme revint de la chambre, portant à bout de bras mon complet défraîchi.

— Il y manque un bouton, dis-je sévèrement, et tu fais mieux de ne pas brûler mon complet, c'est le seul habit propre qui me reste!

— C'est le bout de la comète! clama-t-elle assez haut pour alerter tout le quartier.

Elle me lança le complet dans les jambes.

Je faillis perdre mon sang-froid, mais je me ressaisis assez vite pour lui expliquer ne pouvoir comprendre pourquoi le travail la rendait si maussade, alors que notre voisine de palier qui a six enfants doit tout faire de ses mains et sans jamais se départir de son sourire et de sa sérénité.

La voisine? Elle est veuve, elle!

5

Il y a des hommes déprimés, soucieux et agacés. Les autres sont célibataires.

Les fruits de la passion

— Tu ne sens rien?

Ma femme me posa la question comme je mettais les pieds dans la chambre. Regardant à droite et à gauche, je reniflais l'air qui ne m'apporta aux narines rien de particulier. Je fis signe que non en lançant dans un coin mon sac de tennis.

— Tu sortiras tes vêtements si tu veux que je les lave.

Pour ne pas les oublier, j'ouvris le sac pour en extraire mon short, mon tee-shirt et ma bande de tête. Ma femme avait raison, il y avait une drôle d'odeur dans la chambre.

— Qu'est-ce que ça sent donc?

— Devine! répondit-elle enjouée, s'allongeant sur le lit et rabattant sa tête sur l'oreiller.

Même si j'ai cessé de fumer il y a déjà longtemps, je n'ai pas le nez aussi fin que le prétendent tous les non-fumeurs. Ma femme s'amusa un moment de me voir renifler sans pouvoir identifier l'odeur qui flottait dans l'air, puis elle montra du doigt le lobe de son oreille droite. Je vins y poser le nez. Cette fois il n'y avait pas à s'y méprendre: son oreille dégageait un parfum dont je n'avais encore jamais senti les effluves.

— Qu'est-ce que c'est?

— C'est très oriental comme odeur, hein?

Et elle me traite de raciste quand je prétends que les Noirs ont une odeur bien à eux!

— Je ne peux pas répondre, dis-je en souriant, la femme la plus orientale que j'aie connue était d'Ottawa et comme elle fumait beaucoup, elle sentait surtout la cigarette.

— T'es donc romantique! Paraît que c'est le parfum le plus génial qu'on ait mis sur le marché depuis trente ou quarante ans. As-tu une idée du temps qu'il faut pour en arriver à composer un parfum pareil?

— Non.

— Jusqu'à sept ans de recherche.

Je ne pouvais pas être surpris puisque je n'ai jamais réussi en vingt-cinq ans à différencier deux parfums. À mon nez, ils sentent tous la même chose: trop fort.

— C'est un parfum qui colle à la peau. Sens!

Elle allongea le bras et me passa la main sous le nez. Entre ce parfum et Palmolive-vaisselle, quelle différence y avait-il?

Je me gardai bien d'en faire la remarque à ma femme qui l'eût mal prise.

— Ça sent la rose, dis-je pour ne prendre aucun risque.

— Qu'est-ce qui t'arrive? Toi qui ne différencies même pas l'Aqua Velva du Chanel no 5?

Je fis une moue de connaisseur.

— C'est un bain de roses mêlé avec les fruits de la passion.

— Ah...

— Sept ans pour en arriver aux bonnes proportions entre roses et fruits. C'est extraordinaire... Tu devrais prendre ton bain.

— J'ai pris ma douche au tennis...

Peut-être étaient-ce les vêtements humides que j'avais sortis de mon sac, mais ma femme prétendit qu'une odeur de transpiration avait déjà commencé de refouler celle de son parfum. Elle se glissa un peu vers le pied du lit, mais sa robe de chambre ne suivit pas et ses jambes apparurent jusqu'aux cuisses.

— C'est un parfum très, très érotique, dit-elle en s'en gavant les narines à même le minuscule flacon qu'elle avait pris sur sa table de chevet.

118

Dans les circonstances, comment ne pas aller prendre mon bain comme elle me l'avait suggéré? Quand je revins, le flacon n'ayant pas été refermé, l'odeur de roses et de fruits de la passion avait envahi toute la chambre, mais ma femme dormait à poings fermés.

Je refermai la bouteille signée Guerlain. Si ce parfumeur avait des femmes mon expérience, il aurait dans son parfum diminué la proportion de roses et forcé un peu plus du côté des fruits de la passion!

Un ver à deux

— C'est dégoûtant... Pas surprenant qu'ils soient toujours malades les gens qui prennent leurs vacances au Mexique!

Ma femme, qui a toujours rêvé d'aller visiter le Yucatan,
me regarda en haussant les épaules. Une fois de plus, elle crut
que j'inventais de nouvelles excuses au cas où elle me parlerait
du Mexique, ce qui lui arrive de façon chronique entre la première neige de l'hiver et les premiers beaux jours de mai.

— Sais-tu de quoi ils se délectent tes Mexicains?

Elle me répondit que la tortilla était leur aliment de base,
comme nous avons le pain et les Asiatiques le riz.

— T'apprendras, dis-je, qu'en plus de manger leur tortilla, ils avalent des vers, des punaises et des coquerelles.

— Voyons donc!

Elle crut que je plaisantais.

— Lis toi-même.

Je lui passai l'article du journal dans lequel on expliquait
que vers, punaises, fourmis et cafards constituent au Mexique
— surtout pour les Indiens, ceux dont me parle toujours ma
femme —, des mets qu'ils apprécient autant que nous goûtons
notre homard et nos crevettes. Ce n'est pas tout. Ces Mexicains mangent aussi des œufs de mouche en guise de caviar,

des cigales et, retenez bien votre souffle, des fourmis. Pour vous mettre l'eau à la bouche, précisons qu'ils mangent les vers frits à la graisse de porc avec de la sauce piquante. J'aurais dû essayer la recette à l'époque où je pêchais la truite au ver!

— Je ne vois pas ce qu'il y a de si effrayant à manger des vers, conclut ma femme en me remettant le journal, surtout s'ils sont cuits...

— Hein? T'es folle, non...

— Tu manges bien des huîtres, crues à part ça...

— C'est pas pareil.

— Ah! non? T'as déjà touché à des vers?

— Des vers de terre?

Elle fit signe que oui. C'est évident que j'avais déjà touché à ce genre de bestiole. Je gagnais même des sous quand j'étais enfant à en préparer de pleins bocaux pour les pêcheurs à la ligne.

— Je te bande les yeux, je te fais toucher en même temps à un ver et à une huître et tu ne pourras pas dire la différence. Les deux sont visqueux et mollasses, et je suis sûre qu'ils doivent avoir le même goût.

En toute honnêteté, j'avoue qu'elle n'avait pas tout à fait tort.

— Ouais! mais ils mangent aussi des œufs de mouche!

— Tu trouves ça pire que de manger des œufs de poisson?

— Est-ce que je mange des œufs de poisson?

— Peut-être pas tous les jours, mais rappelle-toi comme tu te lances dans le caviar quand on a la chance d'être invités à une réception chic...

C'est vrai que j'adore le caviar, le vrai, celui qui se compose d'œufs d'esturgeon.

— On mange des œufs de poisson, des œufs de poule, de caille, de canard, pourquoi pas des œufs de mouche? Un œuf ou l'autre, c'est la même chose. La seule différence, c'est la grosseur!

— Oui, mais les œufs de poule, dis-je, au moins ils ont une coquille.

— Et puis après? Tu ne la manges pas...

Je déteste discuter avec ma femme les soirs où elle a réponse à tout. J'étais tombé sur un de ceux-là.

— Est-ce que tu mangerais des coquerelles? demandai-je pour en finir.

Elle réfléchit quelques instants.

— Veux-tu que je te dise? Comme nous mangeons des escargots qui sont les bibittes les plus repoussantes que je connaisse, je ne vois pas pourquoi nous ne mangerions pas de cafards!

J'ai déjà déroulé un escargot pour l'examiner et c'est écœurant. Pourtant, j'adore les escargots...

— Au fond, t'as raison, concédai-je à ma femme, mais veux-tu que je te dise ce que ça prouve, hein? Que je serais riche si j'étais marié à une Mexicaine.

— Comment ça?

— Parce que nous économiserions sur la viande et nous n'aurions surtout pas à payer chaque semaine une femme de ménage qui vienne nous débarrasser des fourmis, cigales, grillons, coquerelles et autres bestioles qu'on devrait manger avec appétit!

Quitte ou double

Depuis quelques semaines je posais toujours mon rasoir à deux lames tout neuf sur le rebord de la baignoire, dans l'espoir que ma femme finirait par l'utiliser. Mais chaque fois qu'elle se rasait les jambes, elle continuait de prendre mon rasoir démodé. Las de ces efforts subtils, je décidai la semaine dernière de lancer mon vieux rasoir par la fenêtre de la salle de bains. Elle n'aurait pas d'autre choix que d'essayer mon nouveau rasoir à deux lames.

— Où est ton rasoir?

— Euh... je ne sais pas trop... Il n'est pas dans la pharmacie?

— Je ne le trouve pas.

— Alors prends l'autre...

Comme j'étais déjà au lit, je me levai discrètement et me rendis jusqu'à la salle de bains sur la pointe des pieds.

— Oh! tu m'as fait peur, je ne t'avais pas entendu venir...

Je m'assis sur le rebord de la baignoire pendant que ma femme continuait son petit travail de «défoliation».

— C'est merveilleux ce rasoir à deux lames, dit-elle tout à coup. Quel principe fantastique! On aurait dû le découvrir plus tôt. La première lame coupe le poil, et avant que la racine

123

du poil ne retourne dans son trou, la deuxième lame l'attrape et la coupe au ras de la peau. Regarde. Passe ta main...

La peau de sa jambe était comme du velours: lisse, douce, une vraie peau de pêche.

— Tu sais, dis-je, si j'avais eu plus d'audace c'est moi qui aurais inventé le rasoir à deux lames, parce qu'il y a longtemps que je connais les mérites d'avoir toute chose en double.

— Ah...

Pendant qu'elle s'appliquait à se raser l'autre jambe, je lui rappelai que je fus l'un des premiers à me procurer un rasoir à deux lames au comptoir de la pharmacie du coin. Même le pharmacien doutait de son efficacité.

Mais moi je n'avais aucun doute. Depuis ma plus tendre enfance, je suis convaincu que deux bonnes choses valent mieux qu'une! Quand j'avais quinze ou seize ans, je suppliais mes parents de m'acheter des complets à deux pantalons, mais ils refusaient toujours, qualifiant ma demande de caprice et de luxe. Rien n'empêche que devenu grand jamais je n'ai acheté un seul complet qui n'eût pas ses deux pantalons. Beaucoup plus tard, quand je fis l'acquisition d'une maison, je la choisis avec un garage double. Je n'ai pas encore de deuxième voiture mais c'est un rêve que je caresse depuis si longtemps qu'il finira bien par se réaliser. Nous avons des lits jumeaux, même si nous couchons toujours dans le même.

— Je ne vois pas où tu veux en venir? demanda subitement ma femme qui se rasait maintenant les aisselles en m'écoutant distraitement.

— C'est simple, la tendance moderne veut qu'on ait tout en double. En politique internationale, par exemple, ne règle-t-on pas tous les problèmes en dédoublant les pays? Il y a deux Corée, deux Allemagne, deux Viêt-nam, deux Amériques et ainsi de suite. J'ai compris très tôt les avantages d'avoir les choses en double parce que j'ai eu la chance de naître jumeau...

— Et puis après?

— Rien! Tout ce que je peux affirmer, c'est que cette tendance va s'accentuer. Pense à la bigamie. Au moyen âge on en faisait un crime; au XIXe siècle on se contentait de condamner le bigame aux travaux forcés. Maintenant c'est à peine si...

— Si quoi?

— C'est à peine si...

Je n'eus pas le temps de finir. Elle lança violemment mon rasoir à deux lames contre le plancher de tuile de la salle de bains où il se fracassa en mille miettes.

L'instinct paternel

J'aimerais dénoncer vivement la triste condition dans laquelle croupissent les futurs pères pendant qu'on entoure des meilleurs soins les femmes enceintes. La situation est d'autant plus déplorable qu'on cherche par tous les moyens à augmenter la natalité et que le sort fait aux hommes ne peut que les décourager de devenir pères.

Depuis quelques années, les femmes enceintes sont portées sur la main. Dans tous les grands hôpitaux, par exemple, on dispense des cours qui les renseignent sur les moindres détails de leur grossesse. Elles apprennent à cesser de fumer, à ne pas s'inquiéter s'il leur vient le goût de manger de la crème glacée aux cornichons ou si elles perdent celui de faire l'amour, enfin à engraisser d'une vingtaine de kilos sans se torturer les méninges pour réduire leur poids. Ce n'est pas tout. Avec nos taxes — et je fais remarquer que, jusqu'à nouvel ordre, plus des deux tiers sont payées par les mâles —, les femmes enceintes nagent dans de belles piscines intérieures, font des exercices dans des gymnases luxueux et développent même leur instinct maternel sur des poupées que nous avons sans doute payées aussi.

Par surcroît, comme nous craignons tous que le Québec se dépeuple, on devient de plus en plus complaisant envers les femmes enceintes. J'ai même vu de vieilles dames céder à de futures mères leur place dans l'autobus, alors que des hommes qui songeaient à faire de même n'avaient pas encore eu le temps de réagir.

Pour rassurer les femmes enceintes, pour qu'elles se sentent moins seules au moment de l'accouchement, on va jusqu'à obliger les maris à jouer les infirmiers dans la salle d'obstétrique. Quand on connaît la crainte innée de l'homme pour le sang, quand on sait son extraordinaire sensibilité à la douleur, ce n'est pas du courage qu'on exige de lui mais de l'héroïsme. Qu'on n'oublie pas que ce jeune homme qu'on force presque à endosser la défroque verte de l'accoucheur n'est pas dans un état normal puisqu'il va devenir père, que sa vie sera à jamais bouleversée, que désormais un être dépendra de lui jusqu'à la fin de ses jours, un être qui portera son nom et comptera sur son père pour la plus grande partie de son éducation.

Pis encore, on réclame de l'héroïsme de la part d'un homme déjà grandement affaibli moralement et physiquement. Je n'apprendrai rien à ceux qui sont passés par la paternité, mais les autres savent-ils ce qu'endure le mari dans les derniers mois d'une grossesse? La femme se refuse souvent à son mari, ce qui serait encore supportable s'il n'y avait pas le long jeûne qui suit l'accouchement et si, surtout, le mari en proie aux plus vives frustrations ne devait pas cesser de répéter à sa femme qu'il l'aime, qu'elle est toujours jolie et désirable et l'entourer des plus petits soins pour qu'elle ne sombre pas dans la neurasthénie. Au poids de cette affection platonique capable de démolir la libido d'un mâle en prime jeunesse sexuelle, s'ajoute la vue constante d'une femme déformée, parfois boutonneuse, mal attifée et qui se traîne en se plaignant d'un bout à l'autre de la maison. On ne donne pas de cours pour préparer le mâle à cette période éprouvante. On ne lui fait pas faire d'exercices pour le libérer de ses tensions. On ne lui donne pas de massages pour le relaxer ou lui faire passer ses frustrations. C'est sa femme qui flotte paresseusement dans les piscines que nos taxes ont payées!

Si elles sont éprouvantes pour le moral, les dernières semaines taxent les forces physiques d'un homme à la limite.

Étant donné la condition de sa femme, c'est lui qui doit faire les courses à l'épicerie, s'occuper des autres enfants s'il y en a, laver les planchers, accourir chaque fois qu'il y a un fardeau à soulever, somme toute devenir une espèce d'esclave qui court au-devant des coups et souvent les reçoit. Pourtant, c'est madame qui fait des exercices de respiration et de la danse pour renforcer ses muscles, et c'est madame encore qui retire des prestations d'assurance-chômage!

Mais comment faire comprendre à une femme ce que sont les affres de la paternité?

Lisez-vous le soir?

Il y a des gens que la lecture prédispose au sommeil. J'en connais plusieurs qui n'arrivent pas à fermer l'œil sans avoir lu quelques pages d'un roman policier ou d'une histoire d'amour. Je connais même un couple charismatique qui ne s'endort jamais sans avoir appris par cœur un verset de la Bible. Il nous arrive très rarement, ma femme et moi, de lire avant de nous endormir. Et je soupçonne fort ma femme d'avoir mis fin à cette pratique après avoir constaté que la lecture, loin de m'inciter à fermer l'œil, agissait sur moi comme un excitant, je dirais même comme un aphrodisiaque. Évidemment, il faut savoir choisir ses lectures! Le soir, on ne lit pas n'importe quoi. Le matin, quand je m'éveille, j'ouvre l'*Imitation de Jésus-Christ* ou la *Vie du petit Gérard Raymond*. Et le soir je regarde plutôt *Lui, Playboy* ou les cartes postales que des amis compréhensifs m'ont envoyées de Tahiti, Haïti et autres endroits où l'industrie textile ne fait pas fortune.

L'autre soir, quand je suis entré dans la chambre après avoir pris mon bain, ma femme lisait, confortablement adossée contre deux oreillers posés l'un sur l'autre. Elle parcourait son journal quotidien.

— C'est extraordinaire ce qu'ils vont faire en Australie, dit-elle en repliant le journal sur ses genoux.

— Est-ce qu'on va fermer la poche des kangourous avec une glissière?

Ma plaisanterie n'eut pas l'heur de lui plaire. Elle rouvrit le journal et recommença de lire après avoir dit qu'il n'y avait jamais moyen de dialoguer avec moi. Depuis quelques années, chaque fois qu'une femme ouvre la bouche, c'est toujours pour «dialoguer». Il me semble qu'il doit y avoir moyen de parler à sa femme sans toujours dialoguer. En tout cas, puisqu'elle y tenait... J'attendis quelques instants, puis je me glissai sous les couvertures, d'abord assez loin de ma femme — six ou sept pouces —, puis de moins en moins loin. Après quelques minutes, nous étions côte à côte. En fait, nous nous touchions. C'était le temps de reprendre le dialogue.

— Écoute, dis-je, je plaisantais tout à l'heure. Ce n'est pas de ma faute, chaque fois qu'on mentionne l'Australie, je ne peux m'empêcher de penser aux kangourous...

Elle tourna la page du journal en la froissant vivement de manière à ce que la manœuvre fasse entendre un bruit nettement réprobateur. J'attendis quelques minutes encore et passai la jambe droite par-dessus sa jambe gauche. Les choses en restèrent là durant 30 secondes, puis elle commença de glisser sa jambe gauche imperceptiblement vers sa jambe droite. Deux ou trois minutes après, ma jambe droite se retrouva sur le drap chaud. J'approchai la tête de manière à être presque assez près de la sienne pour pouvoir lire aussi le journal. Qu'est-ce qu'on peut bien faire en Australie qui puisse avoir pour moi tant d'intérêt? C'est vrai que les Australiens jouent au tennis, sport auquel je viens juste de me remettre. C'est sans doute ce dont voulait m'entretenir ma femme.

— Depuis un certain temps, dis-je, les Australiens ont beaucoup de mal au tennis... Ils ne gagnent plus la Coupe Davis... J'imagine qu'ils vont mettre au point un programme d'entraînement...

— T'es tellement stupide, répliqua-t-elle, que tu ne mériterais même pas de réponse...

Quand on en est là, c'est que les choses se replacent et qu'on peut enfin amorcer le dialogue. Elle plia un cahier du journal et me le passa en pointant une nouvelle en provenance de Canberra. «En Australie méridionale, lis-je, les maris

130

encourront les foudres de la justice s'ils usent de leurs droits conjugaux contre la volonté de leurs épouses. Une épouse pourra, en effet, accuser son mari de viol et la police se devra d'enquêter sur cette affaire. Le texte de la loi prévoit des peines sévères contre les maris qui tenteront d'obtenir par la force l'accomplissement des devoirs conjugaux de l'épouse.»

— Et tu trouves cela extraordinaire? demandai-je.

— Tu parles! Quand cette loi sera adoptée partout, les femmes pourront enfin dire qu'elles ont accédé à l'égalité avec les hommes...

J'ai dû me résigner à lire, ce soir-là, ce que j'ai l'habitude de lire le matin...

Quelle salade!

— J'espère que ça se conserve au moins?

— Euh...

Ma femme, qui ne s'était pas posé la question, resta un long moment les yeux rivés sur la mousse d'avocat dont il restait un bol aux trois quarts plein. Nous avions pourtant fini de manger.

— Je peux le mettre au frigo... on verra bien.

Pendant qu'elle scellait le bol d'une feuille de papier transparent, je pris avec mes doigts une feuille de laitue. Alors que je la mâchonnais, je ne pus m'empêcher de faire des yeux le tour de la table, hochant la tête avec un air de découragement. C'est à peine si nous avions entamé le plateau de fromages, la salade d'œufs durs était presque entière et l'assiette de saucisson était à demi vide. Heureusement que nous avions bu toute la bouteille de vin... Quand j'aperçus la corbeille à pain, je ne pus m'empêcher d'apostropher ma femme. Ma pauvre mère n'aurait jamais osé jeter à la poubelle le moindre croûton, et nous allions y balancer une corbeille pleine à ras bord!

— Tu le sais que je suis au régime...

— Moi aussi je suis au régime, eut-elle la candeur de répliquer.

— Dans ce cas, veux-tu me dire pourquoi t'as tranché tout ce pain? Nous n'en aurions jamais tant mangé même si nous ne nous préoccupions pas de notre taille...

— C'est vrai, c'est bête... se contenta-t-elle d'ajouter, balançant le contenu de la corbeille dans la poubelle.

— On ne peut rien faire avec ce pain?

— J'ai déjà trois bocaux de panure, je ne sais plus qu'en faire.

— Ma mère faisait du pouding au pain.

— Je préfère jeter le pain nature que de le jeter après l'avoir transformé en pouding. Tu ne manges jamais de dessert...

C'est vrai que j'ai coupé le dessert depuis que j'ai des problèmes de poids, mais on n'aurait jamais dit ça en examinant la table au centre de laquelle trônait un grand bol de salade de fruits.

— T'en veux pas? demanda ma femme en l'attrapant pour le ranger.

— T'en as fait pour une armée... J'essaie de manger toute la laitue!

— On voit bien que t'as jamais préparé de la salade de fruits. C'est le nombre de fruits que tu y mets qui en détermine la quantité.

— Je m'en serais douté... T'as qu'à mettre un fruit de chaque sorte. Ta salade est pleine de raisins et de cerises.

Elle me regarda en soupirant.

— Me semble de voir la salade si je mettais un raisin et une pomme, une prune et un melon, une amande et une poire, une cerise et un pamplemousse. Fais pas l'idiot...

— T'es pas obligée de mettre le pamplemousse au complet.

— Qu'est-ce que je ferais du reste?

— Euh... bien, on pourrait le manger pour le petit déjeuner.

— Un fruit entamé perd toutes ses vitamines.

— Tu crois qu'après une semaine au frigo les fruits de ta salade vont encore avoir des vitamines?

— La salade de fruits ne restera jamais une semaine au frigo. Si on ne l'a pas mangée d'ici deux ou trois jours, je vais la jeter.

Il y a une limite aux âneries qu'un mari peut entendre, surtout lorsqu'il entend les mêmes depuis longtemps. J'ordonnai à ma femme de s'asseoir et j'entrepris de lui faire la leçon. Les arguments me vinrent aisément parce que je venais de lire que les Canadiens sont parmi les gens qui gaspillent le plus: nous dilapidons nos richesses naturelles à un rythme scandaleux; nous sommes parmi les plus gros consommateurs d'énergie et, pour couronner ce palmarès honteux, nous avons le taux de productivité le plus bas du monde. Je n'irai pas jusqu'à dire que mes arguments convertirent ma femme, mais ils eurent au moins le don de l'ébranler. Elle pencha la tête, pensive et repentante, puis elle la releva soudain, me regarda en plein visage et me lança, comme illuminée:

— Sais-tu qu'on est chanceux d'être gaspilleurs comme ça, nous autres les Canadiens...

— Comment ça?

— Dans ces conditions, c'est bien plus facile d'économiser...

Le coût de la mie

— Vite, passe-moi la panure...

La panure! la panure! c'est facile à dire, mais ce n'est pas si simple à trouver quand on n'est que le mari de la cuisinière. J'ouvris le tiroir à pain mais ma femme, qui tenait deux filets de morue du bout des doigts, me cria:

— Dans l'armoire, idiot! Comme si on gardait la panure dans la boîte à pain!

Dans l'armoire qu'elle m'indiquait des yeux, je pris une boîte de carton sur laquelle étaient inscrits en grosses lettres les mots BREAD CRUMBS (la boîte datait sûrement de l'époque où il n'y avait pour la langue française que des miettes).

— L'autre! Ça c'est la panure ordinaire... Verses-en dans le sac de plastique qui est sur la table.

Je pris une autre boîte presque semblable et versai la moitié de son contenu dans le sac. Ma femme y jeta ses deux filets. Elle serra le haut du sac de sa main droite et l'agita vivement pendant que je refermais la boîte.

— Hein? Pas 1,59 $? m'écriai-je incrédule.

Ma femme allongea les deux filets dans la poêle à frire et jeta le sac de plastique avec les miettes dans la poubelle. Je vérifiai encore une fois le prix marqué. Il s'agissait bien de 1,59 $!

— Tu jettes des miettes de ce prix-là?

— Ben quoi? Qu'est-ce que tu veux que j'en fasse? Du pouding au pain? Cette panure-là va sentir la morue comme une classe de cégep!

— Soixante-quinze cents pour huit onces de miettes de pain! On aura tout vu...

— Ce ne sont pas des miettes ordinaires, dit-elle, c'est de la panure. Lis seulement les ingrédients que la boîte contient, tu verras bien...

— Croûte et mie de pain, shortening, oignon, sel et poivre...

Je pris dans la boîte une pincée de panure entre le pouce et l'index et la mis sur ma langue. Le goût était exactement le même que les miettes de pain que je ramasse sur la nappe en mouillant le bout de mon doigt après les repas.

— En tout cas, laisse-moi te dire qu'il n'y a pas grand oignon là-dedans... J'espère que ta panure «ordinaire» se vend moins cher.

— Non mais tu radotes... Mesquiner sur la panure!

— T'appelles ça «mesquiner»: 1,59 $ pour huit onces de miettes de pain?

— Préparées avec de l'oignon et autres assaisonnements, enchaîna-t-elle en haussant le ton.

Savez-vous combien elle avait payé sa panure ordinaire? Exactement 99 cents pour huit onces! Ce n'est donc ni l'oignon, ni le shortening, ni le sel et le poivre qui font de la panure un aliment de si grand luxe.

— Ce n'est pas étonnant que l'inflation soit hors de contrôle! Tant que vous vous laissez avoir de cette façon...

Je venais de jeter de l'huile sur le feu. Après avoir retourné les deux filets, ma femme pointa sa fourchette vers moi.

— Écoute, t'es assez intelligent pour savoir que, pour faire de la panure, il ne faut pas que du pain. Il faut de l'énergie pour faire sécher le pain et, depuis la crise de l'énergie, l'énergie est très chère.

Si j'avais eu quelque chose dans la bouche, je me serais étouffé!

136

— Du pain séché, on en jette tous les jours. Suffit qu'on oublie de le ranger pour qu'il sèche. Pas besoin d'énergie pour ça!

— Cela fait du pain sec, pas de la panure!

Comme elle lançait cette énormité, j'avisai un morceau de pain sec resté dans la corbeille. Je le déposai sur la table et l'écrasai d'un coup de poing.

— Tiens, en veux-tu de la panure? En v'là!

Depuis un certain temps, quand ma femme voit qu'elle a tort, au lieu de me donner raison ou de faire amende honorable, elle m'ignore. J'ouvris la boîte de panure «ordinaire» pour y déposer les miettes que je venais de produire.

— Je te préviens, dit ma femme en colère, si tu jettes ces miettes-là dans ma boîte de panure, tu iras souper ailleurs.

La mort dans l'âme, je recueillis les miettes que j'avais faites et les laissai tomber dans la poubelle. On vit vraiment à une drôle d'époque: les miettes de pain coûtent trois ou quatre fois plus cher que le pain lui-même! Le coût de la mie a vraiment augmenté! C'est comme si on vendait le bran de scie plus cher que le contre-plaqué.

— Goûte, dit ma femme en me tendant une bouchée de morue.

Je l'avalai sans enthousiasme, encore sous le coup du prix de la panure.

— C'est pas cuit à ton goût?

— Ouais, ouais... c'est correct!

— Tu ne trouves pas que la panure rehausse le goût du poisson?

Et comme je ne répondais pas, elle ajouta, imperturbable:

— C'est tout de même mieux que tes vulgaires miettes de pain...

Voilà le genre de commentaire qui réduit le plus brave des maris en mille miettes.

6

Le plus fidèle ami de l'homme, c'est le chien. Le plus fidèle ami de la femme, c'est l'homme.

Le prix du bonheur

Jusqu'à tout récemment — plusieurs hésitent encore —, les gérants de banque refusaient de prêter aux hommes fraîchement divorcés. C'est connu que, dans les mois précédant le divorce ou dans la période qui suit, même l'homme le plus sérieux est sujet à des accès d'étourderie: une voiture sport — Corvette de préférence —, un voyage-éclair et très coûteux — Paris, Los Angeles ou Miami —, bars et discothèques à la mode, nouvelle garde-robe, compagnes d'un soir ou d'un week-end.

Le divorce ne constitue pourtant qu'un temps d'arrêt dans la course à la fortune et, plus que le divorce, c'est le bonheur conjugal qu'il faut craindre et dont doivent se méfier ceux qui veulent réussir. Le seul vrai danger du divorce, c'est qu'il pourrait éventuellement conduire à un mariage heureux. Par chance, le cas n'est pas fréquent et la plupart des deuxièmes mariages finissent aussi mal que le premier.

Les conséquences économiques du bonheur sont désastreuses. On dit toujours que les couples heureux n'ont pas d'histoire, mais on ne dit jamais qu'ils n'ont pas d'argent. Le bonheur conjugal pèse plus lourd dans l'économie d'une nation que l'alcoolisme, les tragédies routières ou la maladie. Un examen sérieux de tous les couples que je connais et de tous ceux dont je me souviens depuis mon enfance démontre hors de tout doute que le bonheur coûte une jolie beurrée à ceux qui en sont atteints. C'est un élément tout à fait improductif, un terrible manque à gagner.

Nos ancêtres étaient presque toujours heureux en ménage, mais ils étaient pauvres comme la gale. Les anglophones, par ailleurs, formaient des couples moins unis, mais ils étaient plus fortunés. À l'exception des Irlandais, qui noient leurs soucis dans l'alcool quoi qu'il arrive, tous les couples mariés que je connais et qui ne s'aiment plus d'amour tendre vivent à l'aise. Les autres vivotent ou tirent le diable par la queue.

Durant les trois ou quatre premières années du mariage, le bonheur n'a pas de conséquences fâcheuses. En raison de son inexpérience, le mari gagne assez peu, et même s'il faisait beaucoup de temps supplémentaire, cela ne représenterait pas un apport important à la richesse familiale. C'est dans les années qui suivent que le bonheur gâte les choses.

Attention, il ne suffit pas de s'engueuler avec sa femme pour devenir riche. C'est beaucoup plus complexe. Des désaccords trop violents peuvent mener au meurtre, et la résistance passive à l'inactivité presque totale, deux issues aussi ruineuses l'une que l'autre. Un couple doit apprendre à se tomber sur les nerfs juste ce qu'il faut pour que le mari comme la femme décident d'occuper tout leur temps à travailler, autant que possible à l'extérieur du foyer où c'est plus rentable.

Trop de couples passent à côté du succès. Au lieu de nourrir au foyer ce climat désagréable qui incite au travail perpétuel, ils sombrent dans l'indifférence. Ils se blindent, ils n'écoutent plus ce que dit l'autre. On retrouve ces couples en silence devant leur appareil de télévision — rien n'est moins rentable —, ou, pis encore, sur l'assurance-chômage!

Évidemment, c'est beau un couple amoureux. Que c'est sympathique de voir un homme s'empresser de quitter son travail pour aller embrasser sa femme et manger avec elle en tête à tête! Quel charme de voir un mari inviter sa femme à passer un week-end dans les Laurentides! Que c'est touchant d'observer un homme qui achète un bijou ou qui revient chez lui avec des fleurs. Mais quel poids pour l'économie d'un ménage et d'une nation!

Aimer sa femme d'amour tendre, c'est beau, mais avant de vous laisser aller à pareil débordement, demandez-vous donc si vous en avez les moyens! Et puis, qui vous dit que vous ne rendrez pas votre femme plus heureuse si vous choisissez l'argent?

Congé pour madame

— Moi, les fêtes, ça me tue! J'ai mal aux reins, j'ai les mains gercées, les ongles cassants, je ne m'endure plus...

— Si t'as du mal à t'endurer, pas besoin d'ajouter que ce n'est pas un cadeau pour moi de te supporter...

Évidemment ce n'était pas très gentil, mais il me semble qu'un homme et une femme même mariés depuis plusieurs années pourraient, rendus au 7 janvier, avoir trouvé le moyen de se souhaiter une bonne et heureuse année autrement qu'en s'embrassant sur les deux joues. Ce n'est même pas une question d'amour ou d'affection, c'est presque une question d'hygiène. Ma femme se fourra la tête dans l'oreiller et sanglota bruyamment à trois reprises. Quand elle releva la tête, elle me fusilla des yeux.

— C'est toujours quand j'aurais besoin d'un mot gentil que tu en profites pour lancer une farce plate.

— Tu sais bien que c'était pour rire...

Je m'allongeai auprès d'elle et lui passai la main sur le front et les yeux pour être bien sûr qu'elle n'avait pas vraiment pleuré. Elle avait les yeux extra secs. Il n'y avait pas de quoi fouetter un chat. Je connais assez les femmes pour savoir que lorsqu'elles vous disent qu'elles ont besoin d'affection et de

144

tendresse, c'est qu'elles désirent que vous les écoutiez monologuer...

— Pauvre chou...

Il n'en fallait pas plus pour déclencher la cassette...

— Sais-tu ce que j'ai lu avant Noël dans un magazine?
(Je fis signe que non.) Que nous autres, les mères de famille,
nous devrions avoir droit à des congés sabbatiques. Sur le coup,
je n'y ai pas trop pensé. J'ai même trouvé ça fou. Je me suis
dit que les congés sabbatiques sont faits pour les professeurs.
Tu sais qu'à l'université de Montréal et dans toutes les univer-
sités, les professeurs ont droit à des congés sabbatiques régu-
liers? (Je fis signe que oui.) Nous autres, les femmes, on pense
toujours que ces choses-là sont pour les hommes. Mais en y
réfléchissant bien, je ne vois pas pourquoi nous n'aurions pas
droit à des congés sabbatiques. Qu'est-ce qu'ils font les professeurs? Ils éduquent les enfants! Et qu'est-ce que nous fai-
sons, nous, les mères de famille? Nous éduquons aussi les
enfants. Si les professeurs ont besoin de congés, alors qu'ils
n'endurent nos enfants que sept ou huit mois par an, cinq jours
par semaine quand ils ne sont pas en grève, à plus forte raison
nous, qui avons les enfants sur les bras sept jours par semaine,
365 jours par année. Sans compter le mari! (Je fis signe que
oui.) De toute manière, les congés sabbatiques ne sont pas
nouveaux. Ils existaient même avant Jésus-Christ. Savais-tu
ça? (Je fis signe que non.) Tu ne te souviens pas de ton histoire
sainte? (Je fis signe que non.) Voyons donc, rappelle-toi! La
septième année, ça épuise. On amassait des réserves pendant
six ans et la septième année on se croisait les bras pour laisser
la terre se renouveler. C'est de là que part le principe des congés
sabbatiques. C'est vieux comme le monde. Il est temps qu'on
se remette à vivre un peu plus selon les rythmes de la nature.
C'est certain qu'une femme ne peut pas travailler sans arrêt
toute sa vie. Elle devient moche, tu ne trouves pas? (Je ne fis
aucun signe.) Écoute, ça ne sert à rien de le cacher, je sais que
tu me trouves moche. Juste à ta façon de me regarder. Dis-le,
tu me trouves moche, hein? (Je fis signe que non.) Je sais bien
que tu dis ça pour me faire plaisir, mais au fond, je sais ce que
tu penses. De toute manière, j'aimerais bien que tu me dises si
tu es d'accord avec le principe des congés sabbatiques pour la

femme, disons une femme comme moi? (Je fis signe que oui.)
Je savais que tu comprendrais. Remarque qu'il ne serait pas
question de prendre un congé d'un an tous les sept ans comme
les professeurs d'université. Comment tu verrais ça, toi?
Quelques jours par année, par exemple? (Je fis signe que non.)
Disons une semaine par deux ans? (Je fis signe que non.) Par
trois ans? (Je fis signe que non.) Écoute, donne-moi au moins
ton idée.

    — Si tu veux le savoir, je trouve qu'une femme devrait
prendre un congé sabbatique de six ans tous les sept ans. Et la
septième année, quand elle reviendrait, le mari partirait en
congé sabbatique pour un an. De cette façon, le succès de
chaque mariage serait assuré!

À qui la pilule?

— Tu ne trouves pas ça épouvantable?
— Quoi donc?
— La natalité...

Assise sur la moquette de la chambre, le flacon de vernis sur le journal replié, ma femme était à se peindre les ongles rouge vif. Entre deux coups de pinceau, elle jetait un œil sur les pages féminines. Quand elle se pencha pour prendre du rouge du bout de son pinceau, son déshabillé s'entrouvrit pour découvrir un pan de poitrine rose et attirant comme du velours. Plus que sa question, cet instant furtif me détourna de la télévision que je regardais par désœuvrement, comme tous les soirs.

— Qu'est-ce qu'elle a la natalité?
— Elle baisse, répondit-elle. Si on ne fait rien, il mourra bientôt plus de Québécois qu'il en vient au monde...

Elle allongea le bras pour faire sécher ses ongles de la main gauche. Je la regardai comme il faut. Ce soir-là, elle me donna l'impression d'avoir rajeuni. Son teint était clair, ses yeux brillaient et ses cheveux frais lavés tombaient en petites boucles sur ses oreilles. Je pense qu'elle était belle. Je fermai la télévision et vint m'accroupir près d'elle pour souffler sur ses ongles afin qu'ils sèchent plus vite. Elle sourit.

— D'après toi, est-ce que c'est à cause de la pilule?

Je haussai les épaules. Dans le temps, il y avait d'autres moyens de contraception; les familles étaient quand même beaucoup plus nombreuses.

— Regarde ma mère, dis-je, elle en a eu six.

— Oui, mais elle savait coudre et était une excellente cuisinière. Et elle faisait un potager. C'était une vraie mère de famille, elle.

— À ce compte-là, t'as rien à lui envier...

Elle sourit timidement et je pris sa main dans la mienne. Ses ongles étaient secs et coupés en sifflet comme je les aime. Elle s'appuya contre mon épaule.

— Avant, dit-elle, il me semble que ce n'était pas la même chose. On faisait des enfants presque sans s'en rendre compte. Un beau matin, la femme s'asseyait au pied du lit, elle éveillait son mari et lui annonçait qu'elle était enceinte. Il la regardait de la tête au ventre, se secouait un peu pour être sûr de ne pas rêver, puis l'embrassait tendrement en pleurant. Je le sais, je l'ai vu souvent au cinéma.

J'attrapai son autre main dont les doigts pianotaient dans l'air. Tous ses ongles étaient secs maintenant. Elle colla ses jambes contre les miennes.

— Si les gens ne veulent plus d'enfants, c'est qu'ils ne sont pas assez généreux. Pense à mon père: il travaillait toute la journée, faisait du temps supplémentaire le soir et, le samedi, pour joindre les deux bouts, il était commis dans une mercerie.

— À ce compte-là, t'as rien à lui envier, me souffla-t-elle à l'oreille en m'embrassant dans le cou.

Je sursautai.

— Quand un couple veut vraiment avoir des enfants, dis-je, la femme n'a qu'à cesser de prendre la pilule. C'est simple...

Elle resta silencieuse un long moment puis, comme je lui tenais toujours les mains, elle m'entraîna vers le lit. Je baissai l'abat-jour comme dans les romans et un rond de lumière oblique se piqua sur la moquette à distance respectueuse. Lentement, avec des gestes d'une douceur dont je ne me croyais plus capable, je débarrassai ma femme de son déshabillé et j'accrochai mes dix doigts aux boucles de sa tête. Elle avait les cheveux pleins de vie.

— Tu ne trouves pas que ça fait drôle, dit-elle, de savoir que tout à l'heure on va peut-être faire un enfant?

— Hein?

— Penses-tu que ça sera une fille?

J'enlevai vivement mes mains de sous sa tête et regardai la petite boîte ronde et rose qui était sur sa table de chevet.

— Tu ne l'as pas prise?

Elle sourit.

Des sueurs froides me perlèrent sur le front et je sentis tout à coup le sang se retirer de tous mes membres.

— Je vais aller voir un peu de télé, dis-je en me levant.

La pilule était vraiment trop difficile à avaler...

Guérison miraculeuse

Institut scientifique Max Planck,
Munich, Allemagne de l'Ouest

Messieurs,

Je vous écris pour vous faire part d'une guérison presque miraculeuse que je ne puis attribuer à rien d'autre qu'aux recherches que vous faites sur les extraordinaires vertus curatives du sperme humain et animal, comme en faisait état une dépêche de l'Agence Reuter il y a quelques semaines. Même si j'ai toujours eu confiance dans les immenses possibilités du sperme — comment expliquer sans elles la longévité de plus en plus grande des femmes par rapport à celle des hommes? —, j'ai lu avec satisfaction que vos recherches me donnent mille fois raison. Je me suis même empressé d'en faire état à ma femme.

Vous ne serez sûrement pas surpris d'apprendre que sa première réaction en fut une de doute et même de mépris. Comment le sperme pouvait-il agir sur la maladie? Fort des renseignements que fournissait l'article du journal, je lui expliquai qu'un agent du sperme, la sémiplasmine, possède des vertus antimicrobiennes excédant celles des antibiotiques les plus puissants. Elle resta bouche bée quand je lui dis que la sémiplasmine est particulièrement utile parce qu'elle s'introduit dans les cellules et ne cherche plus ensuite à s'en échapper. Les molécules de la sémiplasmine s'attaquent aux bactéries et ne lâchent pas tant qu'elles ne sont pas mortes.

Je profitai de cette explication scientifique pour lui faire comprendre que l'entêtement et la ténacité qu'elle me reproche souvent sont des caractéristiques mâles qu'on retrouve jusque dans le sperme et que, grâce à elles, les bactéries transporteuses de tant de maladies en prendront désormais pour leur rhume. «Dorénavant, dis-je à ma femme, avant de me traiter de teigne ou de m'accuser de ne pas lâcher tant que je n'ai pas eu le dernier mot, tu réfléchiras à toutes les vies que ces défauts apparents vont contribuer à sauver.»

«Si c'est vrai que le sperme est aussi efficace contre la maladie, opina ma femme après avoir exigé de lire l'article elle-même pour être sûre que je ne l'abusais pas, je ne sais pas combien de personnes vous allez pouvoir guérir dans une année parce qu'à en juger par toi le remède risque de se faire rare. En tout cas, ajouta-t-elle en riant, il ne sera pas à la portée de toutes les bourses!»

Sa plaisanterie d'un goût douteux confirmait bien sa totale ignorance du sujet. Ai-je besoin de dire qu'elle écarquilla les yeux quand je lui fournis des statistiques sur le nombre de spermatozoïdes que produit un seul effort du mâle?

«L'homme se situe avec ses 500 millions de spermatozoïdes immédiatement entre le chinchilla qui en produit 480 millions et le macaque rhésus, 549 600 000. Les lapins dont la réputation est très surfaite en produisent 64 millions d'un coup et les hamsters, malgré leur taille minuscule, n'en arrivent pas moins à 3 450 spermatozoïdes par émission.»

Subitement intéressée, ma femme demanda avec curiosité où se classait le taureau.

Comme la plupart des femmes, elle s'imagine que la grosseur y est pour quelque chose. Elle n'en revint pas quand je lui indiquai qu'un taureau ne réussit jamais plus de quatre milliards de spermatozoïdes d'un coup, alors qu'un âne se rend aisément à 14 milliards et demi et qu'un simple cochon remporte aisément la palme du mâle le plus prolifique avec ses 45 milliards de spermatozoïdes par émission. Elle se permit une dernière facétie, disant qu'on a bien raison de traiter certains hommes de cochons, puis elle sembla se résigner à l'idée que le sperme a nettement le pouvoir de guérir.

Messieurs, selon mes propres constatations, le pouvoir du sperme est infiniment supérieur à celui que vous avez décrit et les voies de la science sont encore plus impénétrables et parsemées de surprises qu'on ne peut l'imaginer. Le croiriez-vous, le simple fait d'apprendre que le sperme constitue sans l'ombre d'un doute un remède puissant contre les maladies a guéri d'un seul coup ma femme des migraines, maux de jambe, crampes au côté, brûlures d'estomac ou engourdissements qui s'emparaient d'elle chaque fois que nous nous mettions au lit. «Ah! non, pas ce soir, mon chou, je me sens vraiment très bien», me dit-elle maintenant quand nous nous couchons.

P.S. Pensez-vous qu'il y aurait moyen de diminuer les vertus curatives du sperme? J'ai peur qu'à la longue la situation ne devienne frustrante pour moi...

Une différence douloureuse

Malgré ce que prétendent les féministes, il y a de profondes différences entre les sexes. Et je ne parle pas des apparences physiques, de moins en moins marquées à mesure que les femmes poussent plus loin leur recherche de l'égalité. Hommes et femmes ne seront pourtant jamais semblables et plus je vieillis, plus je découvre des différences. La dernière en date est d'une importance capitale et devrait déclencher une réaction en chaîne dans divers milieux, notamment dans celui de la médecine et du travail.

On a noté depuis longtemps la plus grande résistance de la femme à la maladie, les maladies mortelles comme les plus bénignes. Toutes les statistiques officielles démontrent que les femmes perdent moins d'heures de travail que les hommes pour cause de maladie et on sait leur extraordinaire longévité. Leur espérance de vie atteint dix ans de plus que la nôtre, comme en témoignent d'ailleurs tous les autobus de l'âge d'or dans lesquels caquètent joyeusement une multitude de veuves, alors que les rares hommes traînent de la patte et râlent plus qu'ils ne causent.

Ce qu'on ignorait, par contre, c'est l'extraordinaire résistance de la femme à la douleur. Les femmes souffrent moins que les hommes et j'en ai aujourd'hui la preuve formelle. Autant le seuil de la douleur est vite atteint chez l'homme, autant il n'a presque pas de limite chez la femme. Voilà sans doute ce qui explique que la plupart des ménagères se brûlent les doigts ou les bras plusieurs fois par semaine sans se plaindre et qu'un grand nombre se soumettent à des soins de beauté qui sont de véritables supplices.

Le mois dernier, ma femme a attrapé ce virus de grippe qui fait tant de victimes au Québec. Les premiers jours, elle dit qu'elle avait mal à la gorge, puis dans les jours qui suivirent elle fit une fièvre qui se transforma rapidement en rhume de poitrine, puis en rhume de cerveau. Le premier soir, elle se coucha plus tôt qu'à l'accoutumée et, durant ses deux jours de fièvre, elle commença son travail avec une heure de retard. Une grippe, somme toute, qui serait passée inaperçue si je n'avais pas eu le malheur de l'attraper aussi.

Le mal de gorge qui avait seulement poussé ma femme à se réfugier plus tôt au lit fut pour moi un supplice insupportable.

Ma salive devint coupante comme des lames de rasoir et, sans les compresses chaudes que m'appliqua ma femme durant 24 heures, je serais mort étouffé. La fièvre — la même qu'elle avait eue —, me cloua au lit durant trois jours. Les os me faisaient si mal que c'est à peine si je pouvais supporter les frictions d'alcool que ma femme me faisait matin et soir. Ces trois journées furent les plus longues de ma vie. Tout travail m'était interdit et même la lecture de simples dossiers était accablante. Encore une fois, je réussis à traverser cette période noire grâce à des magazines légers comme *Playboy* et *Penthouse.* Le rhume de poitrine qui suivit faillit m'emporter. Je me suis littéralement craché les deux poumons. Quant au rhume de cerveau, il persiste encore après deux semaines et je ne suis plus qu'un énorme nez rouge endolori.

Si ma découverte se vérifie — et rien ne me paraît plus évident —, je considère que la médecine devrait s'appliquer à trouver des remèdes qui soulageraient la douleur chez les hommes pendant que, dans les milieux de travail, on devrait envisager sérieusement de confier à des femmes les travaux où l'on est susceptible de se brûler, de se couper ou de se casser quelque chose. La nature ayant toujours bien fait les choses, il est plus que probable qu'elle a doté les femmes d'une plus grande résistance à la douleur parce qu'elles doivent enfanter. Ma mère avait donc raison, chaque fois que mon père se faisait une petite écorchure, de répéter: «Une chance que t'as jamais eu à accoucher!» Elle ignorait évidemment que cette écorchure était plus cuisante à mon père que ne l'étaient pour elle ses accouchements...

En conséquence, j'exhorte les hommes à y penser à deux fois avant de battre leurs femmes. Ils risquent de se faire mal alors qu'elles ne sentiront rien ou presque.

Viol de nuit

— Franchement, c'est écœurant...

Il y a des fois où c'est presque impossible de garder son indignation pour soi. Assis dans le lit, je parcourais distraitement le journal en attendant ma femme qui n'en finissait plus de se nettoyer la peau du visage à sa table de toilette. Tout en se tapotant les joues du majeur et de l'index de chaque main, elle me demanda ce qui me faisait sursauter.

— J'espère, dis-je, que t'as vu la nouvelle au sujet de l'Américaine qui poursuit son propre mari pour viol?

— Hum... je ne vois pas ce qui te fait lever le cœur.

Faut être aveugle pour ne rien voir! A-t-on jamais entendu parler d'une femme qui a le sans-gêne de poursuivre son mari pour viol? De tout temps, les tribunaux avaient toujours refusé ce genre de cause mais, depuis l'an dernier, trois États américains reconnaissent qu'un homme peut être accusé de viol s'il insiste trop ardemment pour faire l'amour à sa femme. C'est en vertu de cette nouvelle loi qu'un jeune Américain de 21 ans s'est retrouvé en cour, accablé par sa femme de 23 ans.

— Pourquoi les hommes feraient-ils tout ce qu'ils veulent avec leur femme?

156

Il me semble qu'il y a longtemps que les femmes ne sont pas si dociles. Je sais que mon grand-père avait déjà du mal à se faire écouter de ma grand-mère; que mon père en avait encore plus lorsqu'il était question de demander à sa femme de lui obéir; que j'ai moi-même toutes les peines du monde à faire faire à ma femme ce que je veux, et que mes fils n'arriveront probablement à rien avec leur femme. Le mariage n'est plus l'institution respectée d'autrefois, et même si l'Église et l'État font encore allusion à la notion d'obéissance, on ne peut pas dire qu'ils insistent beaucoup. C'est aussi bien ainsi car plus une seule femme ne veut admettre le bien-fondé de l'obéissance comme condition d'un mariage heureux et durable. Qu'une femme refuse d'obéir à son mari ou de le suivre là où le destin le conduit, passe encore, mais qu'elle se refuse à l'homme qui partage sa couche, ce n'est pas de la désobéissance, c'est de la mutinerie! Qu'on ne s'étonne pas de voir couler tant de bateaux!

Je fis part à ma femme de ces réflexions, ajoutant qu'un homme normal ne peut, à moins d'être gravement malade, coucher avec une femme sans éprouver les plus vives tentations.

— C'est pas parce qu'on a des tentations qu'on doit y succomber, répondit-elle. Il n'y a que les animaux qui se laissent toujours aller à leurs instincts.

Je le sais, on nous chantait la même chose au collège.

— Mais si un homme et une femme couchent ensemble et qu'elle ne veuille jamais rien faire, vient un temps où l'homme ne peut plus se retenir.

— Le seul fait de coucher avec un homme ne signifie pas qu'on est prête à aller plus loin, commenta-t-elle en s'appliquant de la crème de nuit sur le visage.

C'est exactement le genre d'argument que me servaient les filles à l'époque. Mais il faut dire qu'elles n'avaient pas encore 18 ans. Ma femme devrait avoir plus de maturité. À son âge!

— T'admettras, dis-je, qu'une femme qui est rendue dans le lit d'un homme a déjà un bon bout de chemin de fait.

— Puis après?

— Ben...

— Ben quoi?

— Je pense que, rendue là, une femme est mal venue de ne pas se laisser faire.

— Se laisser faire quoi?

Je ne sais si toutes les femmes sont pareilles, mais quand la mienne décide qu'elle aura le dernier mot, elle ne cesse de me tirer les vers du nez jusqu'à ce que j'avance une phrase malheureuse qui lui permettra de frapper le grand coup.

— Tu sais bien ce que je veux dire, ajoutai-je prudemment.

Tout en se donnant des coups de brosse furieux dans la coiffure, elle conclut que ce n'est pas parce qu'une femme est dans son lit qu'un homme est autorisé à lui sauter dessus.

— Qu'est-ce que tu dirais, laissa-t-elle tomber en même temps que sa brosse, si au lieu de te permettre de te reposer, je te sautais dessus tous les soirs, hein?

Une lourde perte

— Aie!

— Hein?

— Réveille-toi...

— Qu'est-ce qui se passe?

Je me levai précipitamment et ouvris la lumière pour trouver ma femme qui tremblait de tous ses membres, trempée comme une lavette. J'empoignai le dossier de la berceuse, prêt à la briser sur la tête de l'assaillant. Il n'y avait personne dans la chambre...

— Quelle heure est-il?

— Tu te préoccupes de l'heure quand je viens de gagner un million...

— Où ça?

— À la loterie, c't'affaire...

— Me réveiller pour ça...

— Ah! parce que tu lèves le nez sur le gros lot...

Je me laissai choir au pied du lit après avoir allumé une cigarette. Décidément, il n'y a pas de limites à l'inconscience d'une femme mariée. Fallait que je me lève, moi, le lendemain matin; que j'aille au bureau, que je fasse une grosse journée, que je règle une demi-douzaine de problèmes dont au moins cinq comptes urgents à payer.

— Tu ne veux pas savoir ce qui est arrivé?

Maintenant que j'étais tout à fait éveillé...

— Tu sais, le billet de loterie que mon père m'a donné pour mon anniversaire, j'ai rêvé que c'était le billet gagnant. C'est formidable n'est-ce pas?

Je hochai la tête en soupirant.

— J'ai tout de suite appelé papa pour lui annoncer la nouvelle et j'ai dit que je lui enverrais 100 000 dollars.

— Hein?

— C'est bien le moins que nous puissions faire. Dix pour cent... Après tout, c'est lui qui avait payé le billet et il n'est pas très riche.

— Ouais...

— Sais-tu ce qu'il m'a répondu?

— Non.

— Rien! Il était trop ému pour parler. Mais je le connais, il ne fera pas de folies avec cet argent-là. C'est un homme sérieux et économe. Quand on a ménagé toute sa vie pour joindre les deux bouts... J'ai envie de le convaincre d'aller passer ses hivers en Floride. Il me semble qu'à son âge c'est important de prendre du soleil, surtout l'hiver, tu ne trouves pas?

— Oui, oui... Mais il n'a plus beaucoup de cheveux, faudrait le prévenir de ne pas sortir sans chapeau.

— Tu devrais lui en acheter un pour Noël. Un beau Panama. Il adorerait ça.

— Très bonne idée...

— Après, j'ai appelé mes sœurs et je les ai toutes invitées à souper, comme si de rien n'était. Sais-tu ce que j'ai mis dans les assiettes?

— Des serviettes?

— Des enveloppes à leur nom. C'est quand elles les ont ouvertes... Tu comprends, j'avais glissé des chèques de 25 000 dollars dans chaque enveloppe...

— Hein?

— Elles étaient folles comme des balais. Je crois bien que Gaby va acheter une maison à la campagne... Oh! fais-moi penser d'envoyer un chèque à mon frère.

— Pas 25 000 piastres?

— Je ne peux pas lui donner moins qu'à mes sœurs...
J'ai commandé des meubles pour le salon, des rideaux pour
la cuisine, un rideau de douche à mon goût et un bon matelas.
Tu ne trouves pas qu'on dort mal sur celui-ci?

La plupart du temps ce n'est pas vraiment le matelas qui
m'empêche de dormir...

— Bon, la vraie surprise maintenant...

— Encore?

— Tu ne devines pas?

Je fis signe que non.

— Je me suis acheté un vrai manteau de vison, du cana-
dien, comme celui de la reine Élisabeth et de Liz Taylor. Mais
quand ils sont venus le livrer j'étais tellement excitée que je me
suis éveillée...

— Il coûtait combien?

— 25 000 dollars. Ils ont bien augmenté... Peut-être
qu'on devrait se coucher...

Elle allongea le bras et ferma la lumière pendant que je
me glissais sous les couvertures. Je ne réussis pas à me ren-
dormir. Quand je pense qu'à cause d'elle j'ai failli perdre un
quart de million...

Attention à mon frère...

— Franchement, c'est répugnant! As-tu lu l'article du journal qui parle des délits sexuels et de la réforme du Code pénal?

— Ouais, je l'ai lu. C'est vrai que c'est pas mal osé, pour un journal qui s'adresse à toute la famille, d'étaler toutes sortes de délits sexuels.

Ma femme se tourna vers moi comme si elle était surprise de ma réaction.

— C'est pas pire que ce que tu écris parfois, dit-elle.

J'étais vraiment insulté. Moi, qui prends toujours le plus grand soin de ne jamais tomber dans la vulgarité, qui fais mille détours pour ne heurter personne de front, surtout lorsqu'il est question de... vous savez ce que je veux dire...

— En tout cas, dis-je, lis tout ce que j'ai écrit depuis 20 ans et je te défie de trouver la moindre description d'un acte de grossière indécence comme il y en a plusieurs dans cet article.

— Bof... aujourd'hui on est blindé contre ces choses-là.

— Si j'avais déjà parlé de fellatio et de cunnilingus, je te jure que le directeur de la rédaction aurait joué du crayon gras.

— C'est en latin et personne ne comprend.

— Puis après? Si tu veux le savoir, je trouve qu'en latin ces mots-là ont l'air encore plus effrayant. Te souviens-tu quand on chantait les funérailles en latin?

— Vaguement. On ne peut pas dire que je courais les funérailles.

— Moi, je servais la messe et je peux t'affirmer qu'au temps des funérailles en latin, la parenté était pas grosse dans l'église. Quand la chorale entamait le *Libera,* on avait toujours l'impression que le défunt prenait le chemin de l'enfer...

Ma femme m'avait écouté distraitement tout en continuant sa lecture. Quand j'eus terminé mes souvenirs, elle reprit:

— T'as vu comment l'article 143 de notre Code pénal définit le viol? «Une personne de sexe mas-cu-lin commet un viol en ayant des rapports sexuels avec une personne du sexe féminin qui n'est pas son é-pou-se...»

Elle cessa sa lecture et chercha mon opinion du regard.

— C'est pas mal. Comment voudrais-tu commencer ta définition?

— Qui n'est pas son épouse... Pourquoi le fait d'être marié justifierait-il n'importe quel assaut sexuel? On n'est pas des animaux!

Je voyais enfin où elle voulait en venir.

— Si on est marié, il ne peut y avoir de viol, c'est simple. Nous ne sommes pas aux États-Unis ici. De toute manière, les Américains ont modifié leur loi et le seul homme marié qui ait jamais été accusé de viol vient d'être acquitté... C'est impossible d'appliquer la loi.

— Le mari n'a aucun droit de propriété sur sa femme. Pourquoi un homme pourrait-il avoir des rapports sexuels avec sa femme sans son consentement?

— À ce compte-là, qu'est-ce qui nous protège nous autres, les hommes? Il y a des femmes qui sont plus fortes que leur mari et rien nous dit qu'elles ne pourraient pas en venir à le forcer à...

— Je suis d'accord, trancha ma femme. Il n'y a aucune raison de ne pas écrire tout simplement: «Une personne commet un viol en ayant des rapports sexuels avec une autre personne sans son consentement... ou si son consentement est

arraché par des menaces ou par la crainte de lésions corpo-
relles...»

Rendue là, elle arrêta de lire tout haut et devint perplexe.

— Qu'est-ce qu'il y a?

— Euh... bien, ici, ça ne marche plus. La loi actuelle
ajoute: «ou si le consentement est obtenu en se faisant passer
pour son époux...»

— T'as qu'à dire «son époux ou son épouse»...

— C'est vrai...

Je ne l'avais pas convaincue car, au lieu de continuer à
lire, elle plissait le front, essayant d'imaginer dans quelles situations pareille ignominie pouvait se produire. Elle réfléchit un
long moment, puis elle me dit:

— C'est complètement cinglé cette histoire de se faire
passer pour un autre. Peux-tu m'expliquer comment une
femme pourrait en arriver à faire l'amour avec un homme qui
se ferait passer pour son mari? Faudrait qu'elle soit aveugle et
tout à fait maboule, par surcroît!

Elle me posait la question à moi! Moi qui ai un frère jumeau
me ressemblant comme deux gouttes d'eau et dont elle n'arrive pas à distinguer la voix au téléphone après toutes ces
années...

7

*Même si toutes les femmes sont pareilles,
on préfère toujours celle de l'autre.*

Fallait y penser!

Cette année encore j'ai offert à ma femme de m'accompagner au Salon de l'auto, mais elle a décliné sèchement mon invitation, ripostant que les automobiles ne l'intéressent pas.

— Perdre un après-midi à examiner des voitures alors qu'il y en a plein les rues!

Comme si c'était une raison... Les femmes passent bien leur temps aux défilés de modes! Juste comme j'allais quitter la maison, ma femme me demanda d'attendre un instant.

— Puisque tu vas passer les prochaines heures à admirer des autos, t'as sûrement pas besoin de la tienne?

Je me contentai de hausser les épaules.

— J'irais te conduire au salon et j'en profiterais pour faire des courses...

J'acquiesçai parce que j'ai bon caractère, mais je ne pus m'empêcher de penser que pour une femme qui ne rate pas une occasion d'exprimer son mépris des voitures, elle passe plus de temps dans la mienne que je ne le fais moi-même.

Quand je quittai le salon en fin d'après-midi, une giboulée cinglait le visage comme de la grêle. J'aurais dû m'y attendre. Chaque fois que je prête ma voiture, la journée se termine par un orage. Les autobus étaient remplis à craquer et deux me passèrent au nez sans arrêter, le chauffeur se contentant de hausser les épaules pour indiquer que son véhicule était plein comme une boîte de sardines. J'attendis le suivant assez longtemps pour regretter d'avoir laissé l'auto à ma femme. Une fois dans l'autobus, ma colère continua d'augmenter, car j'étais coincé entre un sac à victuailles et un messager qui transportait une grosse caisse de carton. Quand je descendis à l'arrêt qui se trouve tout de même à cinq minutes de marche de la maison, j'étais prêt à divorcer.

Chemin faisant, j'abandonnai mon projet de divorce et réfléchis à des moyens plus rapides qui ne laissent pas de traces ni de vilains cernes gras. Là-dessus, les femmes sont mieux partagées que les hommes. Elles préparent tous les repas et peuvent facilement y glisser de la mort-aux-rats ou de l'arsenic. C'est vrai que, même sans poison, la cuisine de certaines femmes peut avoir raison de son homme!

La voiture n'était pas à la maison et il n'y avait de lumière nulle part. Ma femme n'était donc pas rentrée.

Rien sur la cuisinière. Je souperais encore d'une boîte de conserve! Je décidai de regarder les nouvelles à la télévision. Comme je pressais le commutateur, j'aperçus la coupable assise dans mon fauteuil. Des sueurs froides me perlèrent tout d'un coup sur les tempes.

— T'as eu un accident? demandai-je d'une voix étouffée.

Elle fit signe que non. Un silence glacial s'installa entre nous.

— Parle au moins, dis-je à la fin.

Elle ne remua pas les lèvres.

— Où est ma voiture?

Je savais bien qu'il ne pouvait s'agir d'autre chose.

— On me l'a volée, avoua-t-elle enfin dans un souffle.

— Volée!

Je m'effondrai dans un fauteuil, la gorge sèche, le sang presque coagulé dans les veines, les oreilles bourdonnantes. Au moins si ma femme avait eu un accident, je n'aurais pas tout perdu, mais là... Quel espoir me restait-il de récupérer mon bien?

— Comment est-ce arrivé? eus-je encore la force de demander.

168

— Comme je sortais du magasin, j'ai vu le voleur qui démarrait.

— Tu l'as vu?

— Bien oui.

Sa figure s'éclaira et elle m'annonça toute fière:

— Je ne l'ai pas reconnu, évidemment, mais j'ai eu le réflexe de noter le numéro de la plaque.

Elle me tendit alors un bout de papier sur lequel elle avait inscrit le numéro de sa propre plaque minéralogique. Comme je laissais échapper un long soupir, elle ajouta avec candeur:

— De toute manière, le voleur ne pourra pas aller bien loin, c'est moi qui ai les clés de l'auto...

Des femmes serviables

Je venais de me glisser sous les couvertures lorsque ma femme s'assit dans le lit, plissant les lèvres avec dégoût.

— Qu'est-ce que t'as?

— Je digère mal...

À Montréal, ma femme mange n'importe quoi et elle ne se plaint jamais. À Paris, haut lieu de la cuisine française — la meilleure du monde —, elle a toujours l'estomac à l'envers.

— Veux-tu un verre d'eau?

— Si je buvais du Vichy, me semble que...

Elle ne termina pas sa phrase mais réprima un rot en grimaçant pour bien montrer qu'elle était souffrante. Je soupirai avant qu'elle ne le fît et décrochai le combiné pour appeler la réception. Croyez-le ou non, il n'y avait pas une seule bouteille d'eau de Vichy dans cet hôtel.

Il doit y avoir du sel de fruit dans la valise, dit ma femme d'un ton geignard.

Elle savait très bien qu'il n'y en avait pas puisqu'elle avait laissé sur la table de la cuisine la trousse de premiers soins que je traîne toujours en voyage quand ma femme ne l'oublie pas à la maison.

Je m'assis sur le bord du lit dans l'espoir que la malade prenne du mieux, mais ce fut peine perdue. Elle se roulait dans le lit, lançait des soupirs à fendre l'âme et j'entendais son ventre qui gargouillait comme les fontaines de Versailles. Même marié depuis longtemps, c'est dur de voir souffrir sa femme et pas moyen de dormir auprès de quelqu'un qui roule dans le lit. Valait mieux me lever, m'habiller et courir à la pharmacie.

À la réception, le veilleur de nuit me suggéra d'aller sur le boulevard.

— Vous trouverez bien ce qu'il vous faut au drug.

Je n'avais pas mis le pied sur le trottoir qu'une femme que je ne connaissais même pas m'offrit de m'aider.

— Je peux faire quelque chose pour toi?

Le premier moment de surprise passé, je dis que je cherchais un remède contre l'indigestion.

— Ah! mais j'ai ce qu'il faut pour te soulager!

— C'est pour ma femme...

— Alors, il faut te débrouiller mon p'tit père, les femmes, je n'y touche pas!

Même si son assistance m'avait empêché de parcourir la rue sombre qui séparait l'hôtel du boulevard et épargné la discussion que j'allais avoir avec le pharmacien, je ne pouvais trop la blâmer de ne vouloir rien faire pour ma femme. Ma femme finit toujours par se chicaner avec ses semblables et ne leur fait aucune confiance.

Au Québec, on entre dans une pharmacie, on prend le remède qu'on désire et on passe à la caisse. À Paris, pas question! Il n'y a rien à l'étalage et on doit faire au pharmacien la description la plus exacte possible de la maladie si on ne veut pas sortir les mains vides. Malgré mon insistance pour avoir un sel de fruit, l'homme en blanc ne voulut rien entendre.

— Si vous savez quoi prescrire à votre femme, vous n'avez pas à me consulter! trancha-t-il sèchement.

Comme si je l'avais consulté! J'avais juste demandé du sel de fruit. Il me donna un élixir verdâtre qui contenait un calmant pour l'appareil digestif, un excitant des sucs gastriques et un laxatif léger dont l'effet se ferait attendre 12 heures, le moment où, j'imagine, nous serions en pleine visite au Louvre!

Le médicament coûtait 28 francs, de quoi faire provision de sel de fruit pour toute la famille durant un an.

À quelques pas de l'hôtel, une jeune fille qui avait remarqué mon air soucieux me dit bonsoir et me demanda si elle pouvait m'être utile.

— Merci bien, dis-je en exhibant le petit sac qui contenait l'élixir miracle, j'ai ce qu'il me faut.

Elle sourit, haussa gentiment les épaules et me souhaita bonne chance.

Quand j'entrai dans la chambre, toutes les lumières étaient éteintes et je heurtai du genou le pied du lit.

— Ayoye! bon yeu de Sorel...

— Veux-tu me dire ce que tu fais debout à cette heure? demanda ma femme comme je venais de repérer l'interrupteur. Éteins la lumière, j'ai eu assez de mal à m'endormir...

Quand je pense que je venais de croiser coup sur coup de pures étrangères qui avaient toutes les deux offert de m'aider! J'espère qu'on finira par comprendre que si j'en ai parfois contre ma femme, ce n'est pas sans raison...

Et puis après?

Dans un quartier, il se trouve toujours des voisins pour vouloir épater tout le monde. C'est la plus sérieuse menace que je connaisse à l'environnement urbain et je n'ai encore entendu personne dénoncer les formes insidieuses de pollution dont ces voisins se rendent coupables. Pour vivre heureux, il faut être dans la moyenne. Et il faut surtout que nos voisins le soient. J'irais même jusqu'à affirmer que s'ils veulent se distinguer, ils devraient le faire en étant plutôt au-dessous de la moyenne qu'au-dessus.

Je ne connais rien de plus polluant, par exemple, qu'une automobile flambant neuve stationnée en pleine rue. Elle attire les regards, attise les convoitises, suscite les appétits et fait perdre le sommeil à ceux qui ne peuvent changer de voiture tous les ans. Un parterre trop bien entretenu est une autre forme de pollution, qui peut même être mortelle. J'aimerais qu'un jour des écologistes sérieux évaluent le nombre de crises cardiaques, de tours de reins ou de coups de soleil (on sait que les insolations peuvent être fatales) directement attribuables à des parterres trop entretenus. Ce zèle intempestif pousse les voisins à faire de même sur l'heure, parfois sous un soleil de plomb, à s'éreinter à désherber ou à ratisser. Une maison fraîchement repeinte dans un quartier où la peinture des autres maisons date de quelques années est une plaie pour l'œil. C'est une maison qui détonne.

Ces propriétaires qui astiquent tout, qui rangent tout, qui vivent à l'année dans la peinture fraîche et qui poussent le vice jusqu'à balayer leur trottoir causent le plus grand tort à leur environnement. Il y en a dans tous les quartiers et on ne réussit jamais à s'en débarrasser malgré les plus féroces campagnes de harcèlement.

Un de ces pollueurs habite près de chez moi. Je me suis ingénié tout un été à conduire mon chien sur son parterre afin qu'il y fasse ses besoins. Mais il n'a rien compris. Au lieu de cesser les soins maladifs dont il entoure son gazon, il a construit une petite clôture qu'il repeint chaque printemps, comme un maniaque. Depuis quatre ans qu'il habite le quartier, il peinture, refait, reconstruit, rénove. Sa maison est en train de se détacher du quartier comme une verrue. On ne verra plus qu'elle.

Cette semaine, sa femme a invité la mienne à visiter sa nouvelle cuisine. Évidemment, ma femme m'a supplié de l'accompagner. Au premier coup d'œil, la cuisine est agréable: deux belles rangées de comptoirs et d'armoires, des appareils électroménagers tout neufs, des accessoires nickelés, une vraie salle d'opération!

— Regarde le beau lave-vaisselle, dit ma femme à quatre pattes devant un meuble qu'elle caressait avec l'affection qu'une mère devrait réserver à ses enfants ou à son mari.

— As-tu vu l'extracteur de jus?

Évidemment que je l'avais vu. On ne pouvait pas le manquer. Il avait été mis bien en évidence, tout près de l'ouvre-boîte électrique.

— Hon! le joli malaxeur...

C'était un malaxeur comme on en voit dans toutes les réclames du Roi des bas prix. Passant près de l'évier, je pris un verre d'eau. La voisine s'empressa d'ouvrir la porte de son réfrigérateur, pressa sur un bouton et un gros cube de glace tomba dans mon verre.

— Pense pas que c'est pas extraordinaire! lança ma femme, comme si elle venait de découvrir l'Amérique.

174

La voisine avait gardé ses déchets pour la fin. Elle prit le paquet de cigarettes vide que j'avais déposé sur le comptoir, deux ou trois boîtes de conserve et les jeta dans une poubelle qui reposait à l'intérieur d'un meuble métallique. Elle pressa sur un bouton, un bruit sourd envahit la pièce, comme un tremblement de terre.

— Qu'est-ce que c'est ça?

— C'est un compacteur! Les déchets d'une semaine peuvent tenir dans une petite poubelle...

J'en avais assez vu. Je m'empressai de la saluer et de quitter cet enfer.

— C'est beau hein? demanda ma femme sur le chemin du retour. C'est drôle, on dirait que tu n'as pas été impressionné.

— Pourquoi le serais-je? Je n'ai pas vu dans cette cuisine un seul appareil pouvant accomplir des choses que tu ne serais pas capable de faire!

Pour sortir du rough

— As-tu déjà pensé à divorcer?

— Euh... ouais. Comme tout le monde, j'imagine. Cinq...

— Aie! Aie! lança mon compagnon en me fixant d'un regard soupçonneux.

— J'oubliais le coup frappé dans le beurre, dis-je en toute innocence. O.K., ça fait six.

Il inscrivit mon pointage et je le suivis lentement en direction du troisième tertre de départ.

— Je gage que c'est surtout l'hiver que t'as pensé à divorcer, laissa-t-il tomber négligemment, comme un vieux tee qui ne fait plus l'affaire.

Force me fut de lui répondre qu'il avait deviné juste. Pour une raison obscure, il ne m'était jamais venu à l'esprit de divorcer au cours des mois d'été.

— Prends-tu un fer?

J'examinai la situation un instant et, comme le parcours était aussi large qu'un boulevard, j'optai pour un bois. Mon partenaire frappa un magistral coup de fer à une centaine de verges, et moi un puissant coup de bois. Ma balle tomba bien au-delà de la sienne, à une vingtaine de verges hors du parcours!

— Tu ne la retrouveras jamais, dit-il, t'es dans le *rough*. Je frappe mon coup et je vais t'aider.

Tout en marchant, il m'expliqua qu'il n'était pas du tout étonné d'apprendre que je n'aie jamais eu la moindre velléité de divorcer pendant l'été. Il était dans le même cas.

— Pourtant, tu sais comme ça ne tourne pas rond avec ma femme...

C'était pour le moins un euphémisme. Lui et sa femme ne dialoguent que pour se lancer des bêtises. Dès qu'arrive la première neige, mon ami se met à m'entretenir de sa volonté bien arrêtée de divorcer.

— L'hiver dernier, dis-je, ça ne semblait pas aller trop mal. Vous en êtes arrivés à un modus vivendi?

— Non, on est toujours dans le *rough*. Elle va te sauter dessus!

Du bout de son bâton, il pointa ma balle coincée entre un caillou et un pied de framboisier.

— Qu'est-ce que je fais?

Tout en le lui demandant, je cueillis quelques framboises sauvages dans l'espoir que mon geste ferait bouger la tige et déloge ma balle. Rien n'y fit.

— Tu peux toujours frapper, mais à ta place je choisirais de perdre deux coups.

Je suivis son conseil.

— Tu sais que j'ai fait trois voyages de golf, l'hiver dernier. Une semaine aux Bermudes, neuf jours en Virginie et trois semaines en Floride... Wow! La normale encore une fois...

Comme il avait lancé sa balle à quelques pieds de la coupe à son deuxième coup, il avait calé facilement son coup roulé. Ma balle lécha le bord de la coupe et, le vert se trouvant en pente, roula une verge plus loin.

— C'est pas ta journée!

— Six sur une normale trois, dis-je sans enthousiasme.

Pendant que nous marchions vers l'autre départ, je lui demandai ce qui lui avait permis de replâtrer son ménage.

— Il n'y a rien de replâtré, je joue au golf plus souvent, c'est tout...

Il frappa sa balle d'aplomb, mais un coup de vent la fit dériver dans un bosquet de sapins. Je choisis un fer pour mon coup de départ. Sage décision, car la balle franchit une centaine de verges sans dévier.

— Sans le golf, expliqua-t-il pendant que nous marchions côte à côte vers ma balle, le nombre des divorces serait deux ou trois fois plus considérable. Quand tu joues au golf, tu ne t'engueules plus avec ta femme, tu n'es plus à la maison aux heures propices à l'engueulade.

— À ce compte-là, tu pourrais dire la même chose de ceux qui passent toutes leurs veillées et leurs samedis à la taverne.

— Beau coup! Cette fois-ci, tu peux jouer la normale... Ce n'est pas la même chose du tout parce que les gars qui boivent se sentent coupables. Nous, on fait du sport! As-tu déjà parlé aux vieux membres du club, les vrais enragés du golf?

— Ouais...

— T'as jamais remarqué que ce sont tous des hommes d'âge mûr comme toi et moi qui ont depuis longtemps abandonné les passions amoureuses?

Comme je le regardais sans répondre, il reprit, après une pause durant laquelle il avait expédié sa balle sur le vert.

— Quand t'arrives à notre âge, t'as le choix entre le golf et le divorce à plus ou moins longue échéance. Examine la liste des membres assidus dans tous les clubs et tu vas voir que le nombre de divorces y est beaucoup plus bas que la moyenne.

Dire que ma femme menace de divorcer chaque fois qu'elle me voit partir avec mon sac de golf alors que c'est précisément ce qui la sauve!

Conduite dangereuse

— Veux-tu me dire ce que t'as à me regarder comme ça?

— Un chien regarde bien un évêque, répondis-je esquissant un petit sourire niais.

— Oui, mais pas avec des yeux comme ceux-là!

Qu'est-ce qu'elle voulait dire? Prétextant que la chasse des cabinets était mal fermée, je me levai pour m'examiner dans le miroir. J'ouvris les paupières le plus grand possible, mais je n'aperçus rien dans mes yeux qui eût pu provoquer chez ma femme pareille surprise.

Quand je revins dans la chambre, ma femme était toujours appuyée contre ses deux oreillers, lisant *Marie-Claire*. Je me glissai gentiment sous les couvertures pour ne pas la déranger et, petit à petit, mes yeux se raccrochèrent à elle, par le biais pour ne pas l'importuner. C'est difficile de regarder une personne un long moment sans qu'elle finisse par se sentir observée. Brusquement, ma femme rabattit les deux pans de son magazine en les faisant claquer comme une balle.

— Non, mais ça va faire! Sais-tu à quoi tu me fais penser?

Je lui fis signe que non, imaginant d'abord qu'elle plaisantait.

— À un sadique!

— Hein?

Avais-je quelque chose d'un sadique en ce moment précis? La barbe rasée du matin, j'avais endossé la veste et le pantalon de mon pyjama et c'est à peine si je bougeais, les couvertures repliées sur moi jusqu'à la taille.

— Tu ne t'es pas vu l'air?

Justement, j'arrivais de la salle de bains où j'étais allé me voir l'air et j'en étais revenu avec la certitude que mon visage respirait la plus belle tranquillité. Je me sentais parfaitement bien et ma femme finirait sûrement par constater que mon regard était plein d'affection.

— Cesse de me regarder ou je fais une crise de nerfs.

Il y a des soirs où rien ne fonctionne entre mari et femme. On dirait que chacun s'ingénie à mal interpréter l'autre. Pourtant, comme disent si bien les sexologues, c'est si simple pour un couple de «fusionner érotiquement»...

— Écoute, qu'est-ce qui ne va pas? demandai-je.

— Tu as un air do-mi-na-teur!

D'instinct, je baissai les yeux. Prenant un masque d'humilité que n'eût pas dédaigné saint François d'Assise lui-même, je tournai la tête vers le bord du lit et ralentis même mon souffle afin de m'assurer que rien n'agresserait plus ma femme. Elle rouvrit son magazine et, après un moment, j'allongeai la jambe droite jusqu'à ce que mon pied touche le sien. Elle ne sembla pas tout d'abord se méfier de la manœuvre. Je restai sans bouger durant plusieurs minutes et, comme j'allais remonter un peu mon pied le long de sa jambe, elle m'apostropha de verte façon.

— Je le savais que tu mijotais quelque chose. Vous êtes tous pareils, les hommes: vous prétendez nous aimer, mais vous ne pensez qu'à ça.

— À quoi?

— Fais pas l'innocent, tu sais très bien ce que je veux dire. C'est plus fort que vous autres, tous des violeurs en puissance.

— Hein? Tu trouves pas que t'exagères un peu?

Elle haussa les épaules et me jeta un regard dédaigneux.

— Est-ce que tu te conduirais de cette façon si tu n'avais pas de... de...

180

— De quoi? Dis-le!

— De phallus, si tu veux le savoir...

Un peu plus et je regardais sous les couvertures. Rien que pour m'assurer que tout était encore là!

Cui cui Qui?

Le printemps, il faut le dire, avait mal commencé. Un matin, alors que je sortais par la porte de côté pour me rendre au potager avec les graines de semence, ma femme lança un cri de mort:

— Pas par là!

Elle m'expliqua que je ne pouvais plus emprunter cette porte pour ne pas effrayer les hirondelles qui avaient fait leur nid sur la lanterne du porche. Depuis ce temps, je dois faire le détour par la porte d'en avant. C'est un mince ennui en regard du désagrément d'enlever ses bottes ou ses souliers mouillés chaque fois qu'on entre par la porte d'en avant puisqu'il faut alors marcher sur le tapis beige du salon.

Ce matin-là, je fis consciencieusement le détour pour aller semer mes graines de blé d'Inde. Quand ma femme vint me rejoindre dans le potager, j'étais à piquer le sachet de graines sur un petit piquet.

— Pourquoi tu plantes le sac?

— Pour que t'arraches pas mon blé d'Inde quand tu décideras de sarcler.

Trois semaines après, le blé d'Inde n'avait toujours pas levé. Comme ma femme n'avait pas désherbé, je décidai d'aller aux sources.

— As-tu sarclé le blé d'Inde?

— Non. Pourquoi tu le demandes?

— Parce qu'il ne lève pas.

Elle me regarda avec un petit sourire narquois et dit qu'à son avis les oiseaux avaient dû manger les graines.

— T'avais qu'à pas indiquer, avec ton sachet vide, l'endroit où tu les as semées.

— Les oiseaux ne savent pas lire...

— Mais ils voient clair, s'exclama-t-elle en riant.

Ils voient clair pour sûr. Quelques semaines plus tard ils avaient aperçu toutes les cerises qui essayaient de mûrir dans mes cerisiers. Je décidai de dresser un épouvantail, comme dans le bon vieux temps.

— Les cerises, commenta ma femme qui me regardait monter l'épouvantail avec mon vieux chandail rouge, ses jeans démodés et un foulard de laine tout mité, il faut que t'en aies assez pour toi et pour les oiseaux.

Malgré ses sarcasmes, je me rendis planter l'épouvantail au milieu des cerisiers. Ce qui était efficace hier n'a pas de raison de ne plus l'être aujourd'hui. Le lendemain, quand je voulus m'enquérir de la force de dissuasion de mon engin, j'y trouvai une demi-douzaine de grives. Elles étaient perchées sur les bras de l'épouvantail et mâchouillaient allégrement mes cerises, crachant leurs noyaux dans le potager. Je revins à la maison en furie.

— J'te jure que si j'avais un douze...

— Que je ne te voie jamais tirer sur un oiseau! trancha ma femme avec autorité.

— On n'aura plus une seule cerise si ça continue.

Posément, d'un ton plein d'assurance, comme si elle venait d'avoir un entretien personnel avec les grives qui dégarnissaient mes cerisiers, elle me dit que pour préserver le potager et les arbres fruitiers, je devrais installer un ou deux abris que je remplirais de graines que j'achèterais au «pet shop».

— Si les oiseaux sont gavés de graines, ils nous laisseront les cerises.

— Veux-tu le savoir, dis-je en donnant un coup de poing sur la table, j'en ai jusque-là de tes maudits oiseaux. Ils mangent toutes les graines de semence, ils s'attaquent à mes cerises et à mes framboises et, pour finir le plat, ils m'obligent à faire tout l'été un détour par la porte d'en avant. Je vais au moins me débarrasser de ceux qui ont envahi le porche du côté.

Je saisis le balai que passait ma femme sur le parquet de la cuisine. Mais comme je mettais le pied sur le porche et relevais la tête vers la lanterne, je reçus en plein dans l'œil la fiente de ces messagères du printemps.

Vous surprendrai-je si j'ajoute que ma femme me suivait, «J-cloth» à la main et sourire aux lèvres?

Mariage et P.M.E.

Au lieu d'essayer de nous isoler comme il veut le faire — l'isolement, c'est de juridiction provinciale! —, que le gouvernement fédéral fournisse donc à tous les Canadiens ce qu'il donne déjà aux chefs d'entreprise!

Depuis quelques mois, n'importe lequel d'entre eux peut se procurer la brochure de Statistique Canada intitulée *Comment le fabricant peut-il tirer profit de la statistique?* Grâce à cet outil, des dizaines de petites et moyennes entreprises ont été sauvées de la banqueroute et plusieurs autres ont amélioré leur situation au-delà de tout espoir.

Il paraît que, dans le monde de la finance, rien ne bat les statistiques. En feuilletant la brochure, un fabricant peut constater que les acheteurs de charpentes métalliques, par exemple, paient leurs comptes avec deux mois et demi de retard (Eh! oui, il n'y a que vous et moi qui payons vite. Les gros acheteurs attendent jusqu'à six mois et le Gouvernement du Québec jusqu'à un an ou deux, dit-on...). S'il fabrique des charpentes métalliques évidemment et qu'il est payé à ce rythme, pas de problème, mais si on le paie après trois ou quatre mois, il est «dans le trouble». S'il réussit à se faire payer plus vite que ses concurrents, il supporte moins de crédit qu'eux

185

et fait de l'argent comme de l'eau. Qui a dit que les affaires, c'est compliqué? Pas avec Statistique Canada!

La statistique, y'a pas mieux. Un politicien n'oserait plus lever le petit doigt sans consulter les chiffres des sondages, et grâce aux statistiques, les chômeurs québécois peuvent se consoler ou s'inquiéter selon qu'ils regardent à l'est ou à l'ouest. Sans elles, nos chômeurs seraient toujours malheureux parce qu'ils ne sauraient pas qu'il y en a des pires qu'eux.

Je suis tellement convaincu de l'importance de la statistique que je n'arrive pas à comprendre pourquoi on n'a pas encore appliqué ses bons effets au mariage. Si Statistique Canada peut dépenser plusieurs centaines de milliers de dollars chaque année pour colliger des statistiques à l'intention des PME, je ne vois pas pourquoi on ne consacrerait pas aux hommes mariés des sommes au moins équivalentes. Le mariage, c'est toute une entreprise! Il y a des dizaines d'industriels qui ont lancé les leurs avec des capitaux ridicules de 5, 10 ou 15 mille dollars, alors qu'on ne peut même pas faire un an de mariage avec une pareille somme. En 25 ans, le mariage représente un investissement d'un quart à un demi-million de dollars et il n'existe même pas de statistiques pour nous aider!

Pas une journée ne se passe sans que me viennent à l'esprit des questions auxquelles je n'ai pas de réponses. Si je savais combien la plupart des hommes donnent à leur femme pour la nourriture, je pourrais river son clou à la mienne quand elle vient quémander des budgets supplémentaires. Les femmes se font-elles toutes coiffer une fois la semaine? À quel rythme achètent-elles les bas nylon et les collants? Après combien de trous la plupart jettent-elles les chaussettes de leurs maris à la poubelle? Le lave-vaisselle est-il un appareil électroménager courant ou existe-t-il seulement pour quelques capricieuses? Combien y a-t-il de femmes qui refusent de laver les planchers? Combien de toasts font-elles brûler par semaine? Une vingtaine, est-ce trop ou est-ce courant? La femme moyenne passe combien d'heures au téléphone? Si ma femme s'accorde deux soirs de sortie par semaine, suis-je désavantagé par rapport à mes concurrents? C'est inconcevable qu'à notre époque l'homme marié ne puisse compter sur toutes ces statistiques pour assurer la bonne marche de son entreprise familiale.

Et que dire des futurs mariés? Ils doivent y aller à tâtons! Est-ce plus avantageux de choisir une blonde? Les rousses sont-elles vraiment plus dépensières? Les noires ne sont-elles pas plus efficaces dans la maison? Vaut-il mieux épouser une femme solidement constituée ou une petite mince? Les Européennes sont-elles plus économes et moins capricieuses? Les Anglaises sont-elles plus aptes à la couture et à la préparation des confitures et des marinades? À quel âge une femme est-elle à son mieux? Doit-on épouser une femme plus jeune? Le mariage a-t-il plus de chance de durer lorsque la femme est orpheline de mère? Quel est le type de femme qui se supporte le mieux à long terme? Celle qui parle beaucoup ou celle qui n'a jamais rien à dire? À quel moment faut-il qu'une femme enceinte laisse son travail à l'extérieur? Est-ce plus rentable d'avoir une bonne que d'héberger sa belle-mère? Comment veut-on qu'un célibataire de 22 ou 23 ans puisse répondre à des questions aussi complexes?

C'est évident que Statistique Canada devra aussi se pencher sur les questions sexuelles. Là-dessus, depuis quelques années, il me semble que mes concurrents ont un net avantage sur moi. J'aimerais bien savoir combien de fois par mois une femme peut se soustraire à ses devoirs, car je ne voudrais pas contribuer par mon ignorance à diminuer la moyenne générale!

8

Il n'y a chez les femmes aucun substitut à l'intelligence, mais le silence fait souvent bien les choses.

Comme les huîtres...

— Hé! qu'est-ce que tu fais?

Je glissais simplement ma main sous la couverture pour rejoindre son pied. Comme j'allais lui toucher le bout des orteils, elle eut un brusque mouvement de recul.

— Tu ferais mieux de te déshabiller...

Sa suggestion ne manquait pas d'à-propos. Au lieu de laisser dormir mes vêtements sur le fauteuil comme je fais d'habitude, j'entrepris de les ranger avec soin: la cravate sur son petit crochet, ma chemise sur un cintre, mon pantalon aussi, mes souliers bien alignés dans le placard avec mes chaussettes dessus. Je savourais à l'avance le moment où je me faufilerais entre le drap et les couvertures.

— As-tu mis le réveil?

J'avais trop envie de me coucher pour avoir pensé à ce désagréable détail. Pour comble, au lieu d'être posé sur la table de chevet, le maudit réveil était dans le placard. La veille, n'ayant pas besoin de m'éveiller tôt, je l'y avais enfermé à cause du tic tac énervant de son cœur de quartz. Trop stupide pour rallumer la lumière, je me cognai le front sur la porte du placard restée grande ouverte.

— Tabar...nouche!

— Qu'est-ce qui t'arrive?

— Je me suis frappé la tête contre la porte.

— Si tu les fermais aussi...

Je dus bien rallumer la lumière pour m'assurer que le réveil était à la bonne heure. Ma femme tira la couverture par-dessus sa tête. Enfin de retour au lit, j'allongeai les pieds vers les siens.

— Aie! t'as les pieds comme des glaçons...

Si, un jour, je deviens riche, je ferai installer dans ma chambre à coucher une moquette épaisse de manière à ce que nous puissions nous lever et marcher pieds nus à volonté. Paraît qu'on peut aussi chauffer les parquets avec des fils électriques. Des riens, soit! mais qui peut se les offrir s'il n'a pas déjà tout le reste?

Je soufflai dans ma main droite pour la réchauffer et je découvris un peu ma femme pour descendre ma main gentiment le long de son cou, de son épaule, puis... mais elle frissonna et se couvrit vitement.

— J'ai froid...

Depuis qu'on doit économiser l'énergie, il faut en déployer deux fois plus soi-même pour arriver à se réchauffer. Les experts qui prétendent qu'on est plus à l'aise dans une chambre à 15 ou 16 degrés Celsius doivent être célibataires ou coucher avec des Penman's 90.

— T'as froid?

On ne peut pas dire que c'est chaud. Moi, dormir en plein mois de janvier la fenêtre ouverte...

Quand elle est fermée, j'ai toujours l'impression de manquer d'air. Je suis convaincu que c'est pour cette raison qu'il m'arrive de ronfler. Il y a tout de même des circonstances qui peuvent faire oublier qu'on manque d'oxygène... Je me rendis fermer la fenêtre, coincée par le frimas. Ouf! je ne suis pas sûr que je réussirai à la rouvrir d'ici au printemps...

— Où est-ce que tu veux en venir?

J'avais tout juste posé ma main un peu plus bas que tout à l'heure et je m'apprêtais à passer l'autre.

— Pas ce soir, veux-tu?

— Pourquoi?

— Je suis trop gelée...

192

J'aurais voulu insister, mais elle se recroquevilla et se referma comme une huître.

Comme une huître? Tiens, tiens... Peut-être bien que les femmes sont mal disposées pour ce que vous savez durant les mois dont le nom comporte la lettre «r»... Voilà qui expliquerait beaucoup de choses. Au moins pour les mois de janvier, février, mars, avril, septembre, octobre, novembre et décembre.

Il ne resterait plus qu'à trouver une explication pour mai, juin, juillet et août!

Bon dimanche!

— C'est toujours le dimanche que les mariages font naufrage...

— Hein?

Les deux pieds sur la table à café du salon, calé dans un fauteuil, j'étais presque assoupi sur le magazine qui me servait de prétexte.

— Tu dormais, je suppose?

— Non, je t'écoutais. Tu as parlé de naufrage...

— Je disais qu'on a découvert à l'Institut de psychologie de Zurich, en Suisse, que c'est le dimanche que la plupart des couples décident de divorcer.

— Ah...

— C'est écrit dans le journal.

— Pourquoi le dimanche plus qu'un autre jour?

— Qu'est-ce que tu fais la semaine?

— Euh... je travaille, comme tout le monde.

— C'est en plein ce que les psychologues ont conclu: en semaine, les époux triment dur toute la journée et ils ne se voient que le soir. Ils se racontent leur journée, puis ils se couchent.

— Je ne vois rien de particulier là-dedans.

— Parce que tu n'es pas psychologue. En semaine, ils n'ont pas le temps de penser et ils font des projets pour la fin de semaine.

— Et puis après?

— En fin de semaine, les époux s'ennuient. Ils s'aperçoivent qu'ils n'ont rien à se dire.

— Voyons donc...

— C'est écrit. Le problème du dimanche, c'est qu'on n'a rien à faire.

— Les dimanches ont toujours existé depuis la création du monde et jusqu'à ces derniers temps, on ne divorçait pas pour autant.

— Dans le temps, ce n'était pas la même chose. Le dimanche, on s'occupait. Rappelle-toi seulement l'époque de nos parents. D'abord, les messes étaient beaucoup plus longues. Et elles avaient lieu le dimanche, tandis qu'aujourd'hui c'est le samedi soir. Le dimanche matin, on se lève et on n'a rien à faire.

— Veux-tu insinuer que la nouvelle liturgie est responsable de l'augmentation des divorces?

— En partie! Dans le temps, après la grand-messe, on recevait toute la parenté à dîner...

— Le bœuf n'était pas à cinq piastres la livre.

— Après le dîner, comme on n'avait pas de lave-vaisselle, on faisait un bi qui durait jusqu'à 3 heures.

— Je me souviens. Chez nous, c'étaient les enfants qui essuyaient les ustensiles...

— Après, on jouait deux ou trois parties de 500 jusqu'à l'heure des vêpres et du salut du Saint-Sacrement.

— Qu'est-ce que vous faisiez après les vêpres?

— Nous nous rendions tous chez ma grand-mère et nous soupions chez elle avant de revenir à la maison bien fatigués. Dans le temps, les couples ne songeaient pas à divorcer parce qu'ils étaient aussi occupés le dimanche que la semaine.

— On ne va quand même pas rétablir la grand-messe en latin, les vêpres et le salut du Saint-Sacrement rien que pour diminuer le nombre de divorces! Maintenant que tes psychologues ont découvert la principale cause du divorce, ils doivent bien avoir des solutions pour l'éviter?

— Oui: meubler nos dimanches.

— Comment?

— En allant au cinéma et en regardant la télévision.

— Veux-tu savoir ce que faisaient mes parents le dimanche? Après le dîner, papa préparait du sucre à la crème avec
du beurre, de la cassonade et du lait, et quand le sucre était
cuit et refroidi, il le séparait entre tous les enfants. Pendant que
nous le mangions, il s'enfermait à double tour dans la chambre
avec maman. Ils n'allaient pas au cinéma et la télévision n'exis-
tait pas encore.

— Veux-tu bien me dire ce qu'ils faisaient? demanda ma
femme les yeux écarquillés de l'est à l'ouest.

Les psychologues ont raison: c'est le dimanche que les
mariages font naufrage...

Combien pour la chose?

L'automne, les journées sont courtes. Soit! mais les soi-
rées sont beaucoup plus longues. On a tout le temps de lire
son journal et il arrive même qu'on puisse feuilleter un livre ou
un magazine sans rogner de temps au sommeil, au dialogue
avec sa femme ou à autre chose. Ce soir, peut-être parce qu'il
pleut et qu'on sent la fraîche passer sournoisement par la fenêtre
à peine entrouverte, j'ai hâte qu'elle termine la lecture de son
journal. Nous pourrions nous glisser sous les couvertures et
rêver à l'été dernier ou au prochain printemps. Elle a posé son
oreiller verticalement contre la tête de lit, ses lunettes sur la
pointe du nez pour regarder par-dessus ses lentilles le journal
qu'elle tient trop loin d'elle. Sans sa presbytie, elle pourrait
avoir encore trente ans! C'est vrai que l'été toutes les femmes
rajeunissent et il faut jusqu'aux fêtes pour que l'âge les rattrape
et leur redonne ce teint de lait qui laisse croire qu'elles manquent de vitamines.

— Ah! c'est formidable! s'écria-t-elle tout à coup en pouffant de rire, alors que je l'observais avec minutie.

— Qu'est-ce qu'il y a?

— T'as pas lu la décision de la Cour suprême d'Afrique
du Sud?

— À quel sujet?

Elle abaissa le journal sur ses genoux, décrocha ses lunettes de la main droite pour les laisser tomber à côté du lit sur la peau de mouton et hocha la tête en souriant.

— C'est surprenant que cette nouvelle t'ait échappé, c'est ton genre. Imagine-toi qu'un dénommé William Machin a demandé le divorce parce que sa femme Maureen lui réclamait dix rands pour faire l'amour.

— Dix quoi?

— Des rands. Je pense que c'est la monnaie d'Afrique du Sud.

— Veux-tu que j'aille voir dans le dictionnaire? demandai-je sans aucune intention de me lever.

Elle reprit le journal et, à force de grimaces, arriva à lire la ligne qu'elle cherchait.

— C'est écrit que 10 rands égalent 11 dollars!

— Une vraie aubaine.

— Bien oui. Je ne vois pas pourquoi il se plaindrait.

Lentement elle plia le journal pour le déposer sur la table de chevet. J'eus tout à coup l'impression que ce petit article revêtait pour elle plus d'importance qu'elle n'avait voulu le montrer et qu'elle le prenait moins à la légère que son ton l'indiquait. Elle passa la main dans ses cheveux et bâilla en plissant les yeux. J'en profitai pour lancer mon hameçon.

— Tu vois ça, dis-je, s'il fallait que les femmes commencent à demander de l'argent à leur mari pour faire l'amour! Le mariage ne ferait pas de vieux os...

Elle tourna la tête vers moi si brusquement que les nerfs de son cou firent entendre un petit déclic.

— Au contraire! Peut-être que les hommes l'apprécieraient davantage. De nos jours, on n'attache de la valeur qu'à ce que l'on paie!

— Tu sais bien que ça n'a pas d'allure! Aussi bien dire que les liens du mariage ça ne donne rien, ça ne compte pas.

Elle reprit le journal et ses lunettes pour me lire sur le ton le plus affirmatif qui soit que cette Cour suprême avait décrété que «seul le refus sans justification des relations sexuelles peut autoriser un divorce et que l'activité sexuelle entre époux peut être une marchandise monnayable».

— Évidemment, termina-t-elle en repliant le journal qu'elle laissa tomber avec ses lunettes sur la peau de mouton, les juges ont recommandé aux femmes de ne pas abuser.

— De ne pas abuser de quoi? demandai-je timidement.

— Ben... de ne pas demander trop cher.

— Ah!

Que pouvais-je dire? Elle descendit son oreiller en place et s'allongea sous les couvertures en éteignant sa lampe de chevet.

— Sais-tu, dit-elle dans le noir, que si je t'avais fait payer à chaque fois, je serais drôlement riche aujourd'hui.

— Ce soir, tu demanderais combien?

— Pas ce soir, répondit-elle en bâillant très fort. Ce soir j'ai la migraine...

À même la bouteille

Le soleil tapait dru et la chaleur était insupportable comme de vieux remords. Mal à propos, quelques minutes après le repas du midi, la climatisation avait fait défaut et, au bureau, la sueur pissait au bout des nez. Je m'épongeai avec mon mouchoir jusqu'à ce qu'il fût plus trempé que moi. À mesure que le temps passait, j'avais l'impression de cuire comme du pain au four. Au milieu de l'après-midi, je n'en pouvais plus. Sous prétexte d'acheter un paquet de cigarettes au restaurant, je m'esquivai jusqu'à l'épicerie du coin où, par petites gorgées, j'enfilai une bonne bière froide. Elle coula comme un glaçon dans l'eau bouillante. Je respirais plus à l'aise. Je déposai la bouteille sur le comptoir et remerciai la caissière de sa brève hospitalité. Elle repoussa la bouteille vide.

— Il n'y a pas de retour sur ces bouteilles, monsieur.

— Vous la jetterez alors.

— Ce n'est pas un dépotoir ici!

Elle me regarda de telle sorte qu'il me parut plus sage de reprendre ma bouteille. En sortant, je faillis la glisser le long de la chaîne du trottoir, mais je me ressaisis voyant un policier qui m'observait. Je fis mine d'avoir perdu pied et le policier esquissa un sourire satisfait. J'avais naïvement cru pouvoir me débarrasser de la bouteille dans un panier à papier, mais depuis quelque temps l'entreprise qui fait le nettoyage de l'édifice a affiché bien en vue son interdiction de jeter des bouteilles ou objets métalliques. Je mis discrètement la bouteille derrière ma porte, mais une semaine plus tard, elle y était encore.

Un soir, je la fourrai dans mon porte-documents et, en arrivant à la maison, je la lançai de loin dans la poubelle. Au lieu de voler en éclats, elle lança un son de cymbale. Décidément, c'était une bonne bouteille. Tout aurait fini sans histoire si, le souper achevé, on n'avait pas disposé des restes du repas dans la poubelle. Ma femme revint dans la cuisine en exhibant la bouteille qu'elle tenait du bout de ses doigts:

— Qui a jeté ça dans la poubelle?

Avant même qu'elle n'ait terminé sa question, les deux enfants répondirent en chœur qu'ils n'y étaient pour rien.

— Alors c'est toi!

Qu'auriez-vous répondu à ma place? La vérité!

Elle planta la bouteille sur la table et me fit sur-le-champ une sévère remontrance. En l'espace d'une minute, j'appris que chacun d'entre nous encombre les dépotoirs d'une tonne de déchets solides chaque année et que si cette générosité continue, la terre croulera bientôt sous le poids de nos déchets.

— Quand on est assez bête pour boire à même une bouteille semblable, conclut-elle, on mérite de la garder en souvenir jusqu'à la fin de ses jours.

Mes enfants sont à l'âge de prendre plaisir à ce genre de discussion d'où je ne sors jamais avec le gros bout du bâton. Leur sourire en disait long. Je repris la bouteille et sortis dehors sans mot dire. À la faveur de la nuit, je n'aurais pas de mal à m'en départir.

Je marchai jusqu'au parc où je savais qu'il y avait des poubelles, mais en m'y voyant entrer, le gardien qui ne flânait que d'un œil commença de me suivre à distance. Comme il ne cessait de m'épier, il me fallut bien changer de direction, emportant toujours la bouteille. C'est alors qu'une idée géniale me traversa l'esprit. S'il est un endroit approprié pour disposer des bouteilles vides, c'est bien à la taverne. Je m'y retrouvai donc, commandant allègrement une petite bouteille de la même marque.

Après avoir bu, je n'aurais qu'à faire l'échange et le tour serait joué. Hélas! la bouteille qu'on apporta n'avait pas la même forme que la mienne, sans doute pour la différencier de celles que personne ne peut reprendre. Il me restait une porte de sortie: commander d'autres bouteilles, les boire et cacher la mienne parmi les autres. C'est ce que je fis. Quand je revins à la maison, j'avais peine à tenir sur mes jambes et je pense qu'il devait être très tard. Ma femme m'attendait dans la cuisine:

— Veux-tu me dire d'où tu sors? demanda-t-elle avec sa voix des mauvais soirs.

Qu'auriez-vous répondu à ma place? La vérité! Eh bien! elle ne m'a pas cru et boude encore.

Portée disparue

Enfin, je retrouvais ma femme. Elle n'avait jamais été si jolie. C'est vrai qu'on ne va pas très souvent au bal.

Les enfants restèrent longtemps le nez collé aux vitres pour voir partir leur mère. C'était bien elle, cela ne faisait pas de doute. Ou si, un peu... Elle était bien différente ce soir. M'asseyant derrière le volant de la voiture, je regrettai de n'avoir pas commandé une limousine.

Je conduisis jusqu'à l'hôtel avec une extrême prudence, faisant des arrêts deux fois plus longs qu'à l'habitude et de généreux virages. Aller au bal, c'est comme aller à Naples quand on a peur de l'avion. Si on allait mourir avant d'avoir vu Naples!

Le portier de l'hôtel ne fit même pas un geste. Il resta planté le long du mur, indifférent. Je poussai la porte tournante devant ma femme, lui soufflant de retenir de la main sa robe de soie.

— Ce n'est pas ma première robe longue...

Évidemment, il y avait eu sa première communion, peut-être le jour de la collation des grades et... Et à son grand regret elle m'avait épousé en robe courte.

Comment dans un bal donner l'impression qu'on est un vieil habitué de ce genre de fête? Ma femme me parut plus à l'aise que moi. Il y avait mes bretelles qui retenaient des pantalons taillés pour la grosse moyenne, cette chemise aux manches interminables et au col aiguisé comme une lame de rasoir.

Je faillis fondre en pénétrant dans la salle, pas elle. Je suis sûr que tous les hommes se retournèrent pour la regarder et j'ai bien vu, pour l'avoir examinée du coin de l'œil, qu'elle était convaincue d'attirer le regard de toutes les femmes. Son succès était complet. Une femme ne peut en demander plus.

Je retrouvais enfin ma femme.

Après un temps, je sentis tout à coup qu'elle était fragile comme un verre à liqueur. Elle ne marchait plus, elle glissait avec les précautions d'une vieille dame qui avance sur un trottoir glacé. Elle gardait la tête droite comme une figure de proue et si elle cillait, c'était par stricte nécessité. Je ne pense pas qu'elle ait souri.

Mon inquiétude grandit. Elle qui avait durant une quinzaine ratissé les magasins et les boutiques, fait, annulé et refait des rendez-vous chez le coiffeur, le visagiste, la manucure, peut-être qu'elle ne s'amusait pas du tout.

— Tu t'ennuies?

Elle fit signe que non.

— Tu ne veux pas danser?

— Ma robe!

Je ne pouvais insister à cause de mes bretelles. Je restai assis longtemps, épiant les danseurs, regardant les gens aller et venir. De plus en plus immobile, ma femme paraissait ne rien voir.

— Tu pourrais sourire un peu, dis-je avec beaucoup d'affection dans la voix.

— Mon maquillage!

Ses traits étaient magnifiques. Enfin, je la retrouvais.

À la longue, y regardant de plus près, j'aperçus des traits figés comme à demeure par le fond de teint. Peut-être qu'elle ne sourirait plus jamais.

Le jour se levait quand nous sommes rentrés à la maison. Ma femme n'en pouvait plus. Moi, je serais resté encore jusqu'au plein jour. Si les voisins avaient pu être témoins du retour.

Ma femme se dirigea tout droit vers la chambre à coucher et lança sa perruque sur le lit. Un à un, elle enleva ses ongles qu'elle aligna sur la commode, décrocha d'un petit geste brusque deux franges de cils qu'elle coucha dans un boîtier de plastique et, à l'aide d'un bâton à tête plate, elle cueillit un grain de beauté sur sa joue droite, un autre à la base de son cou.

Plongeant la main dans son corsage, elle se débarrassa de... mais j'avais déjà tourné la tête.

Je sortis me brosser les dents et, quand je revins dans la chambre, la femme que j'avais emmenée au bal n'y était plus. Je ne l'ai jamais revue.

C'est le bouquet!

J'avais l'habitude de donner un cadeau à ma femme la veille de son anniversaire, mais je me sentais toujours coupable car le geste n'était pas désintéressé. Quelques minutes avant de nous coucher, j'ouvrais la garde-robe où j'avais caché le cadeau derrière des vêtements. Ma femme ouvrait le paquet enrubanné, s'extasiait, puis me remerciait de la seule façon qui soit naturelle à cette heure tardive. C'était notre meilleure nuit de l'année. Il ne vint jamais à l'esprit de ma femme l'idée qu'elle agissait un peu comme... (je n'ose écrire le mot), mais mon attitude vénale me tracassait. Cette fois, je décidai d'agir autrement.

La nuit qui précéda son anniversaire, ma femme se comporta donc comme d'habitude: elle me piqua un baiser furtif sur le front, ferma la lumière de la main droite et se tourna sur le côté gauche pour s'endormir aussitôt. Je n'eus même pas le temps de lui souhaiter bonne fête, ce que je fis le lendemain matin en l'embrassant.

— Je déteste quand tu m'embrasses avant de te raser...

Ce furent ses premières paroles. Elle ajouta:

— J'étais certaine que tu avais oublié mon anniversaire.

Pendant que je me faisais la barbe, je la vis par l'encoignure de la porte fureter dans la garde-robe. Il n'y avait rien. Elle fouilla derrière l'étagère à souliers et se donna la peine d'ouvrir ma valise. Quand je revins dans la chambre, elle avait commencé à fixer ses bigoudis en reniflant ostensiblement.

— Qu'est-ce que tu as?

— Rien... je n'ai rien.

C'est tout à l'heure qu'elle allait être surprise. Je jouai l'innocent et me permis de lui glisser gentiment qu'elle avait l'air beaucoup plus jeune que son âge, même la tête bardée de bigoudis.

— Veux-tu rire de moi...

Après le déjeuner, on frappa à la porte. Ma femme se précipita dans le vestibule et revint les bras chargés d'une longue boîte couverte de papier de soie et ornée d'un énorme chou de ruban vert.

— Tu vois, dit ma femme, il y en a qui pensent à m'envoyer des fleurs...

Je ris dans ma barbe fraîchement rasée. Elle déballa les fleurs.

— Les jolies roses...

Puis elle ouvrit la petite enveloppe blanche qui cachait une carte qu'elle lut à haute voix:

— Bon anniversaire! De ton mari chéri... Ah! c'est de toi...

Son premier mouvement de surprise passé, elle se jeta dans mes bras et m'embrassa sur les joues, le front et la bouche. Elle était heureuse.

— J'ai pensé que ça te ferait plaisir...

— Tu penses! Sais-tu que c'est la première fois que tu m'envoies des fleurs depuis la naissance du bébé...

Le bébé, comme dit ma femme, a 20 ans! Soit, je ne lui avais pas envoyé de fleurs depuis, mais entre-temps j'avais dépensé une fortune en couronnes mortuaires pour tous ses oncles, tantes, cousins et grands-parents qui nous avaient quittés pour un monde meilleur.

Avant de partir pour le bureau, ma femme me rappela que nous étions invités à souper chez Cécile, sa meilleure amie.

— N'oublie pas, il faudrait lui apporter un petit quelque chose...

J'oubliai, et quand arriva l'heure du départ, ma femme était affolée.

— Nous allons apporter une bouteille de vin, dis-je.

— Il n'y en a plus. Nous avons bu la dernière dimanche dernier.

— Et les fleurs! m'exclamai-je. Nous n'avons qu'à apporter les roses. Elles sont encore toute belles. As-tu gardé la boîte?

— Ça c'est le bouquet! cria ma femme indignée. Tu m'offres des fleurs pour ma fête et tu voudrais que je les apporte à Cécile. Je préfère arriver chez elle les mains vides!

Je n'ajoutai rien de crainte d'envenimer les choses, mais je ne pus m'empêcher de penser que tant que les femmes se montreront aussi mesquines les unes envers les autres, leur libération n'est pas pour demain!

En finir...

— Qu'est-ce qu'on a fait donc le 10 juin au soir?

J'eus beau essayer de me souvenir, je ne pus y arriver. Je me levai pour consulter le calendrier que ma femme, qui n'en a plus besoin depuis longtemps, garde par tradition — ou nostalgie —, pendu à la porte du placard de la chambre.

— C'était un mardi, dis-je me tournant vers ma femme pour que nous fassions ensemble un effort de mémoire. Elle avait déjà l'esprit ailleurs.

— C'est quand même extraordinaire, s'exclama-t-elle, d'avoir la détermination de se suicider à la télévision.

— Hein?

— Évidemment, dit-elle, jetant un œil méprisant par-dessus son magazine, ça ne t'intéresse pas parce que c'est une femme.

— Comment veux-tu que je m'intéresse, je ne sais même pas de quoi tu me parles.

Elle m'expliqua qu'une Américaine du nom de Jo Roman s'était suicidée le 10 juin après avoir discuté de l'affaire avec tous ses proches devant les caméras de télévision. Femme d'une soixantaine d'années qui en paraissait à peine 50, elle avait décidé d'en finir froidement avec la vie après avoir appris qu'elle souffrait d'une grave maladie.

— J'espère qu'elle n'a pas fait ça avec un revolver, imaginant la scène horrible qu'aurait pu relayer la télévision.

— Non, non... Elle a avalé 30 cachets d'un somnifère avec un verre de champagne. Moi qui adore le champagne!

— Franchement...

Comment pouvais-je ne pas être scandalisé devant une attitude aussi indifférente à l'égard du suicide?

— À t'entendre, on jurerait que c'est permis de se donner la mort, qu'il n'y a rien là!

— Me semblait! Quand c'est un homrne qui fait un geste comme celui-là, on le traite de héros.

— Voyons donc...

— Ton Socrate, est-ce qu'on n'en parle pas encore aujourd'hui surtout parce qu'il a bu... Comment ça s'appelle ce qu'il a bu? De la cyanure?

— De la ciguë.

— Alors? Quand je pense que ce soir-là on faisait peut-être quelque chose de parfaitement insignifiant.

— Je préfère les choses insignifiantes au crime.

Je dois dire qu'elle a mal pris mon propos.

— Tu sauras qu'on se bat depuis assez longtemps, nous autres les femmes, pour faire admettre que notre corps nous appartient, on ne nous empêchera pas d'en faire ce qu'on veut!

— Un instant...

Dans l'espoir de la voir descendre de ses grands chevaux, je fis mine de m'intéresser au cas de madame Roman.

— Tu dis qu'elle a discuté de son suicide avec ses amis?

— Hum... hum...

— Ils étaient pour?

— Y'a des gens qui comprennent et qui n'essaient pas toujours d'imposer leur volonté aux autres comme tu le fais!

— Elle avait de drôles d'amis... Son mari, lui?

— Devine pourquoi elle s'est suicidée le 10 juin?

J'avoue que je n'en avais aucune idée. Les femmes ont des desseins aussi insondables que ceux de la Providence.

— Comme son mari était enseignant, elle voulait qu'il ait toutes les vacances d'été pour se remettre de ses émotions. Pense pas que c'est pas admirable! Y'a rien qu'une femme pour avoir un courage pareil.

— Le courage, c'était de supporter sa maladie jusqu'au bout.

— Tu me fais mourir avec tes principes arriérés... Hon! je me souviens de ce que j'ai fait le soir du 10 juin: je suis allée au salon de beauté pour un masque de jeunesse. Hé! que j'aurais aimé voir cette femme-là à la télévision...

À vrai dire, je ne savais trop quoi penser. Ni de ma femme ni de cette madame Roman.

— Qu'est-ce que tu dirais si un jour je faisais comme elle? demanda subitement ma femme.

— À Radio-Québec?

— Au poste qui voudrait me filmer.

Fallait bien que je réponde, elle était suspendue à mes lèvres.

— Euh.. bien, après ce que tu viens de dire, ça serait difficile de m'y opposer...

Elle me fusilla du regard et je reçus le magazine en pleine poitrine.

— Dis-le donc que tu m'aimes plus! lança-t-elle en se glissant brusquement sous les couvertures...

Le bonheur parfait

J'avais beau essayer de lui changer les idées en lui parlant des exploits des Expos ou du Manic, il était inconsolable. Il prenait une gorgée de bière — que dis-je, il la reniflait! — posait son verre sans bruit sur la table de chêne qui avait commencé à boire en même temps que mon arrière-grand-père, y trempait son majeur qu'il suçait ensuite, les yeux fixés sur quelque lointaine image. Comme j'avais tout tenté, il valait mieux parler de celle qu'il m'avait dit venir de perdre.

— Combien de temps as-tu été avec?

— Treize ans... On commençait notre 14e année quand elle est morte.

Après 13 ans de vie commune, la mort est difficile à accepter. Quand tout va bien, 13 ans, c'est si vite passé...

— Est-ce qu'elle a été malade longtemps?

Il exhiba le pouce et l'index de la main gauche.

— Deux mois?

— Deux jours, corrigea-t-il dans un sanglot.

C'est très court pour se faire à l'idée que sa compagne part pour un monde meilleur! Rajuster sa façon de vivre en 48 heures, se retrouver seul quand on a l'habitude de vivre à deux! Surtout à son âge! Ce garçon, qui avait attiré mon attention dès que je mis les pieds à la taverne parce qu'il sanglotait de façon incontrôlable, ne devait pas avoir 40 ans encore.

— J'ai 36, répondit-il, comme je m'informais de son âge.

— Vous vous entendiez bien?

— Le parfait bonheur... Quand je l'ai prise, elle ne savait rien faire et je lui ai tout montré. Quand on dit tout...

Pygmalion encore une fois! Quand allons-nous cesser, nous les hommes, de dresser les femmes comme nous voudrions les avoir? Nous nous échinons à leur apprendre mille choses qui nous font plaisir et quand elles nous quittent — qu'il s'agisse de mort ou de divorce —, c'est le drame. Si nous laissions nos femmes faire ce qui leur plaît, comme elles n'ont pas du tout les mêmes goûts et les mêmes aptitudes, nous nous attacherions beaucoup moins et la séparation serait tellement plus facile à accepter.

— Je suppose qu'elle restait à la maison?

— À part les fois où je la sortais, elle ne quittait jamais le logement. Tous les soirs quand j'arrivais de travailler, elle attendait à la porte.

Je restai quelques instants sans lui poser de question car la douleur l'étranglait. Même s'il semblait malheureux comme une pierre, je ne pus m'empêcher de penser qu'il y a tout de même des hommes qui ont de la chance. Plus souvent qu'autrement, quand j'entre à la maison, il n'y a personne. Si ma femme s'est levée particulièrement de bonne humeur, tout au plus trouverai-je une note m'indiquant ce qu'il y a à manger dans le frigo. Ce n'est pas le «comité d'accueil»...

— Elle apportait toujours mes pantoufles dans le vestibule...

— Hein?

Voyant bien que je n'en croyais rien, il insista du chef en reniflant avec bruit. En voilà une que le conseil du statut de la femme aurait vertement dénoncée si ses habitudes avaient été connues! Apporter chaque soir les pantoufles du maître jusqu'à la porte, c'est sûrement une pratique antiféministe!

— Quand je me levais, elle se tenait au pied du lit... Quand je me rasais, elle m'observait avec ses grands yeux pleins d'affection. Jamais elle ne touchait à sa nourriture avant que j'aie commencé à manger moi-même... Je n'en trouverai jamais une autre pareille.

— Certainement pas! J'avais même du mal à croire qu'il ait pu en dénicher une en plein XXe siècle. Malgré ma sympathie pour cet inconnu, j'avoue que j'en étais un peu jaloux. Quand on a eu tant de bonheur pendant 13 ans, on peut toujours pleurer, mais c'est moins triste.

— À votre âge, dis-je, histoire de le consoler un peu, c'est toujours possible de recommencer...

— Jamais je ne pourrai remplacer Princesse. Une chienne fidèle et dévouée comme elle, je n'en reverrai pas de mon vivant.

Je ne sais comment je fis pour ne pas m'étouffer dans ma bière. Faire tant de manières pour un chien!

— Je ne peux pas vivre tout seul, dit-il, et Princesse était unique.

— Bof... vous en dompterez une autre, dis-je en me levant pour prendre congé de cet homme qui pleurait son chien comme un autre pleure sa moitié.

Il hocha tristement la tête:

— Non... je pense que je n'aurai pas le choix: je vais devoir me marier!

9

Quand ma femme prépare le petit déjeu-
ner, je ne parviens pas à m'expliquer comment
Adam a pu s'ennuyer, seul, dans son paradis
terrestre.

La plume de ma femme

Depuis que je sais que Juliette Drouet qui fut durant 50 ans amoureuse de Victor Hugo, lui écrivit plus de 17 000 lettres d'amour, je ne peux m'empêcher de penser à quel point j'ai du mérite d'aimer encore ma femme. Plus de 17 000 lettres! On croit rêver. C'est 340 lettres d'amour par année, presque une par jour.

Quand je pense aux lettres d'amour de ma femme! Depuis 1959, j'ai reçu 136 lettres que je qualifie toutes de «lettres d'amour» pour ne pas en réduire le nombre à des proportions ridicules. C'est 7,21 lettres par année ou une lettre à tous les 52 jours. Ma femme prétend m'aimer et elle communique avec moi moins souvent qu'on ne le faisait à la petite école où j'avais un «bulletin» hebdomadaire.

C'est vrai que Juliette n'était pas la femme de Hugo mais sa maîtresse. Mais pourquoi une femme unie par les liens si sacrés du mariage mettrait-elle la main à la plume moins souvent que l'illégitime? Il me semble qu'on s'attendrait plutôt au contraire, d'autant plus qu'il est très dangereux pour une maîtresse d'entretenir des relations épistolaires avec son amant.

Il y a le téléphone. Supposons que je comptabilise tous les appels téléphoniques de ma femme durant ces 19 ans de relations présumément amoureuses, je suis encore loin des 17 000 communications de Juliette. Même en comptant tous les appels, je n'arrive qu'à 2 603, ce qui constitue un bien modeste total.

Je n'ai pas lu les lettres de Juliette, mais celles de ma femme n'ont pas grand-chose de remarquable, rien en tout cas qui puisse justifier le conservateur de la Bibliothèque Pierpont Morgan, à New York, de les acheter à prix d'or comme il a fait pour les premières. De toute façon, vous pouvez en juger vous-mêmes puisque je les ai toutes gardées. Je les conserve dans une boîte de métal, dans le dernier tiroir de mon classeur, à gauche.

La plus voluptueuse et celle que je relis le plus souvent concerne une période heureuse de notre vie alors que nous pouvions manger n'importe quoi sans nous soucier de notre ligne. Elle décrit le soir que nous avions passé à vider une boîte de Turtles en regardant le téléthon de la Société du Cancer. Quatre lettres parlent de l'indignation de ma femme lorsqu'elle a découvert dans mes poches, dans un dictionnaire, dans un magazine et sous la carpette du boudoir les lettres d'une autre femme. Vingt-quatre concernent des demandes d'argent qu'elle m'a fait parvenir quand j'étais en voyage ou des recommandations au sujet de maladies qu'on peut contracter loin de chez soi. Dix-huit me rappellent à quel cinéma elle a passé la soirée, 29 expliquent qu'elle est allée seulement à l'épicerie ou à la pharmacie du coin et 38 s'attardent à décrire les restes que je devrai me mettre sous la dent parce qu'elle n'entrera pas souper. Six me rafraîchissent la mémoire au sujet de mon rendez-vous chez le dentiste et toutes les autres sont des cartes postales qu'elle a envoyées de Toronto, Ottawa, New York, Québec (2), Trois-Rivières, Magog, du Zoo de Granby, de l'Oratoire St-Joseph, d'Upper Canada Village et du Village de Séraphin à Sainte-Adèle. Toutes ces missives se terminent par les mots: «Je t'aime, fais attention à toi!», à la suite desquels sont inscrits trois petits XXX. Les seules exceptions concernent les quatre lettres d'indignation dans lesquelles le «beaucoup» de «je t'aime» est remplacé par «quand même» et sont omis la mise en garde et les trois petits XXX.

Quant à ses 2 603 appels téléphoniques, ils sont encore plus prosaïques que ses lettres. Il faut vous dire que, quand je couche à l'extérieur, elle téléphone toujours à minuit pour que je lui souhaite une bonne nuit et que je la rassure, car elle est très peureuse. Le téléphone sonne justement:

— C'est toi?

— Oui... Te téléphone rien que pour te dire que je t'aime. Bye...

Elle raccrocha tout de suite.

C'est son 2 604e appel téléphonique et son deuxième du même genre en autant de soirs. C'est tout de même malheureux qu'après 19 ans de mariage une femme gaspille encore l'argent de son mari à loger des interurbains aussi inutiles!

Avec des pincettes!

— Aie! tu me fais mal...

C'est à peine si, passant près de ma femme qui pelait des pommes de terre au comptoir de la cuisine, je lui avais frôlé la fesse de la main. Une petite taloche affectueuse, tendre et sans conséquence. Après avoir bu un grand verre d'eau pour me mettre en appétit, je fis patte de velours pour lui donner deux petites tapes rapides sur l'autre fesse. Elle le prit à rebrousse-poil. Brandissant son couteau à légumes comme un poignard, elle serra les dents pour me dire qu'elle en avait jusque-là de cette manie de lui taper les fesses à chacun de mes passages.

— O.K., je ne te toucherai plus d'abord.

— Y'a d'autres manières de manifester son affection... Je ne suis pas faite en bois.

— Moi non plus!

— Qu'est-ce que tu veux dire?

— Le contraire de ce que tu veux dire toi-même...

Elle rabaissa son pèle-légume et, comme elle essayait de comprendre ma réplique, je m'esquivai dans le boudoir pour finir la lecture du journal. Il me semble que ma mère était plus facile à comprendre que ma femme. Et ma grand-mère encore plus. Je me souviens très bien de mon grand-père, qui avait toujours une petite blague à double sens à la bouche et la main fouineuse sans que sa femme ne se rebiffe le moins du monde. Loin de se sentir amoindrie par ces gestes, diminuée dans sa féminité ou offensée dans son «moi», ma grand-mère semblait y trouver plaisir et en tirer une certaine vanité. Puisque après tant d'années elle émoustillait encore assez son «vieux» pour qu'il la cherche toujours des doigts...

J'achevais les pages sportives quand ma femme, prise de remords pour son mouvement intempestif, vint s'asseoir sur le sofa du boudoir, s'essuyant les mains avec la queue de son tablier.

— Excuse-moi pour tout à l'heure, dit-elle, mais t'as des gestes tellement brusques... Cesse de me prendre toujours par surprise au moins!

Je la regardai du coin de l'œil, sans répondre. Elle prit le cahier qu'on appelait autrefois les pages féminines et fit mine de s'y intéresser. Le visage à demi caché par le journal déployé, elle reprit son monologue:

— Au lieu de passer ton temps à me donner des tapes ou à me pincer, tu pourrais me glisser gentiment la main sur la joue ou m'embrasser le lobe de l'oreille. Tu sais comme ça me fait frissonner...

C'est bien joli, mais voilà des gestes qui ne sont pas simples à poser «en passant». Il faut s'arrêter, demander à sa femme de se mettre en position, de présenter la joue ou l'oreille. Quand on en est là, il ne reste plus beaucoup de spontanéité. C'est un vrai cérémonial.

— Les hommes ne sont plus romantiques, laissa-t-elle tomber.

Rien n'empêche qu'à réclamer que tout se fasse en douceur, qu'il faille télégraphier avant de mettre la main quelque part, réfléchir longuement pour que rien dans son attitude ne puisse être interprété comme «diminuant» l'autre, à force de s'entourer de fils barbelés, nos femmes sont à mettre au monde, si on peut dire, toute une génération de «petits maniérés» sans aucun intérêt pour les choses qui comptent. Les mâles d'autrefois n'affirmaient pas leur virilité à coup de mouchoir. Ils se battaient en duel, ils pourfendaient leurs rivaux. Et un mari trompé n'avait de répit que le jour où il avait abattu l'amant de sa femme. Ces gars-là ne devaient pas perdre grand temps à mordiller le lobe d'oreille de madame...

— C'est facile de prétendre que nous ne sommes plus romantiques, répondis-je. Il n'y a même plus moyen de vous toucher...

— Combien t'as eu de garçons? demanda-t-elle tout à coup.

Comme elle savait très bien la réponse, elle enchaîna:

— Est-ce qu'il y en a un seulement qui soit déjà revenu de l'école avec un œil au beurre noir pour une fille, hein? Dans mon temps, jamais un garçon ne se prenait pour un homme s'il n'avait eu au moins un *shiner* à cause d'une fille.

Je dois admettre que ma femme a raison. C'est vrai qu'on ne rencontre plus un seul petit gars avec un œil au beurre noir.

— C'était le bon temps, dit-elle avant de retourner à la cuisine...

Si j'ai bien compris ce qu'elle a voulu dire, il faudrait, pour qu'elles soient heureuses, se taper sur la gueule entre hommes mais les prendre, elles, en douceur...

Cruauté mentale

— C'est écœurant...

Ma femme qui était à lire tourna la tête de mon côté, attendant de toute évidence que je demande ce qui la faisait bondir de cette façon. Chaque fois que nous lisons au lit, je n'arrive pas à me concentrer car elle ne cesse de vouloir me faire participer à ses lectures. Feignant d'être très absorbé dans mon roman, je fis mine de n'avoir pas entendu.

— Je te parle, dit-elle en haussant le ton.

— Euh... quoi? Qu'est-ce qu'il y a?

— Pense pas que c'est pas dégoûtant. Sais-tu combien de mensonges conte un Américain moyen chaque jour?

— Non.

— Devine?

— Dix, douze...

— 200! Ce nombre comprend évidemment les excuses de toutes sortes...

Je répliquai que c'était impossible. À part un politicien, aucun homme ne peut débiter de mensonges à un rythme pareil.

— Lis toi-même si tu ne me crois pas.

Elle me passa le magazine où on révélait en effet qu'une étude d'un psychologue réputé démontre que l'Américain moyen raconte 200 mensonges par jour.

— Quand j'y pense, cela ne m'étonne pas des Américains, dis-je refilant le magazine à ma femme. Ils n'ont plus la moindre morale.

— Peuh... Tu crois que tu es mieux qu'eux! laissa tomber ma femme, me regardant comme si j'étais le dernier des menteurs.

— Tu n'as pas envie de me classer dans la même catégorie au moins?

— Qu'est-ce que tu as dit en arrivant au bureau ce matin?

— Rien.

— Tu n'as pas expliqué ton retard?

— Euh... oui. J'ai dit qu'il y avait une voiture stationnée devant ma porte de garage.

Elle esquissa un petit sourire malicieux.

— Je ne pouvais tout de même pas raconter que j'avais passé tout droit. Deux matins de suite, cela aurait eu l'air fou.

— T'es sûr que c'est l'explication que tu avais donnée la veille.

La veille, j'avais mis la faute sur les feux de circulation qui étaient désynchronisés. Je n'allais quand même pas le lui avouer.

— Ouais, madame, j'ai dit que j'avais passé tout droit!

— Cela m'étonne, répliqua-t-elle avant de me demander si mon courtier d'assurance-vie avait réussi à me rejoindre le matin même.

— Pourquoi tu veux savoir ça?

— Parce qu'il a appelé à la maison et que je lui ai dit de te téléphoner au bureau. Tu devais venir d'arriver, car il a appelé 15 minutes après ton départ.

— Lui, je ne peux plus le supporter. Il me court après depuis un mois pour me vendre d'autres assurances alors que j'ai du mal à payer mes primes actuelles.

— T'as qu'à le lui dire.

— On voit bien que tu n'as pas affaire à lui. Si je laisse entendre que je paie trop cher de prime, il va trouver le moyen d'augmenter mes assurances quand même et d'étaler les primes pour que mes paiements mensuels soient moins élevés.

— Lui as-tu parlé, oui ou non?

— Je lui ai fait répondre par la secrétaire que je venais juste de quitter le bureau pour la journée.

— Tu vois, s'exclama-t-elle d'un air triomphant. Deux mensonges en moins de cinq minutes! Une moyenne de 12 à l'heure! Comme tu es debout 16 heures par jour, cela fait 192 mensonges quotidiens, sans compter les autres.

— Quels autres?

Un homme qui est capable de raconter autant de mensonges dans une journée doit bien en raconter au moins huit dans ses rêves.

Elle me jeta un petit coup d'œil moqueur et reprit son magazine. Je n'avais plus du tout le goût de lire. Je réfléchis un moment, puis il me vint une idée lumineuse.

— Veux-tu me dire où tu étais cet après-midi? J'ai téléphoné trois ou quatre fois et il n'y avait pas de réponse.

Elle se rembrunit. Et sans lever les yeux de son magazine elle répondit sur un ton qui n'invitait pas à la réplique:

— Comme je déteste mentir, je préfère ne pas te le dire!

Après un moment, elle ferma son magazine et la lampe de chevet. C'est à peine si je réussis à fermer l'œil de la nuit. Y a-t-il quelque chose de plus cruel que de cacher la vérité? Mieux vaut mentir 200 fois par jour!

Honnie soie...

Le jour de la Saint-Valentin, j'amène toujours ma femme manger au restaurant. Et quand nous dînons à l'extérieur, elle insiste toujours pour se coucher tôt. Ce soir-là, je n'avais pas encore fait le tour de la maison pour verrouiller les portes et fermer les lumières qu'elle était étendue sur le lit dans un déshabillé lilas tout neuf que je n'avais encore jamais vu. Quand j'entrai dans la chambre, elle lisait.

— Tu vas salir ton déshabillé avec le journal. Rien qu'à le feuilleter, j'en ai les doigts tout noirs. Imagine du satin...

— C'est de la soie, répondit-elle.

Je n'ai jamais pu faire la différence entre le satin et la soie, comme je n'ai jamais pu comprendre qu'on puisse trouver à ces tissus des qualités érotiques, l'un et l'autre sont froids comme de la glace quand on les frôle.

— Je te jure que les Américains ne savent plus quoi inventer pour faire de l'argent, reprit-elle pendant que je me débattais avec le nœud coulant de ma cravate de soie (ou de satin).

— Les Américains! Les Américains! Ils sont pas pires que les autres. Faut bien gagner sa vie...

— Ouais, mais il y a la façon... Un photographe californien a consenti des prix spéciaux aux femmes qui voulaient

226

poser nues et envoyer la photo à leur mari pour la Saint-Valentin. Comme idée saugrenue, c'est difficile de trouver mieux!

— Est-ce qu'il a eu des clientes?

— Tu parles! Une semaine avant la Saint-Valentin, il en avait déjà photographié plus de 300...

— Alors ce n'est pas si fou que ça son idée, dis-je pendant que j'essayais de dénouer le cordon du pantalon de mon pyjama. Les clients n'achètent pas quand ce qu'on leur présente n'a pas de sens.

— Tu trouves que ç'a du bon sens pour une femme mariée de poser nue?

— Mariée ou pas, est-ce que ça change quelque chose? Aide-moi, je n'arrive pas à défaire le nœud.

— Cesse de bouger, sinon je n'y arriverai pas non plus.

— C'est ta bague qui me gèle...

— Les seins, reprit-elle en tirant sur le nœud avec ses dents, je ne dis pas, mais le reste...

— Pourtant, le reste, c'est toujours pareil, tandis que les seins...

— En tout cas, moi je ne comprends pas ces femmes-là... Tiens, c'est défait!

— Y'a rien là... Ces photos-là, ce n'est pas pour publication dans le journal ou pour vendre sous la table à la taverne, c'est pour envoyer aux maris...

— Tu ne te couches pas?

— Oui, oui, je veux juste voir le classement des équipes de hockey...

— Alors, tu trouves ça correct?

— Ben... euh... ça dépend de l'âge, répondis-je négligemment en parcourant en diagonale les pages sportives.

— C'est sûr que je ne me ferais jamais photographier par un petit jeune qui n'a pas le nombril sec. C'est une question de convenances...

— Je ne pensais pas à l'âge du photographe mais à celui de la femme... Il y a un âge pour poser nue, il me semble.

— Aussi bien y aller carrément et dire que je suis trop vieille!

— Je n'ai pas dit ça! Écoute, supposons que tu te fasses photographier nue et qu'un bon jour, en fouillant comme ils ne cessent de le faire, les enfants tombent sur tes photos...

— Et puis après?

— Qu'est-ce qu'ils penseraient de leur mère, hein?

— Ce que tu as pensé de moi quand tu m'as épousée.

Elle enleva brusquement son déshabillé et se glissa sous les couvertures. Encore une fois il me faudrait réparer à la Fête des mères les pots cassés à la Saint-Valentin...

Pourquoi pas?

Il n'était pas minuit. Pour une fois nous avions décidé de nous coucher tôt. Ma femme était appuyée contre l'oreiller, dos au mur, et je venais de m'étendre à plat ventre sur le lit à ses côtés. La radio jouait doucement les plus belles mélodies de Vigneault, celles qui chantent les lacs, les amours tendres et les hivers qui ressemblent presque à l'été. Comme ma femme était assise et que j'étais étendu, elle me dominait de trois bons pieds.

— Ainsi, lui demandai-je, tu me servirais le petit déjeuner au lit le matin de la Fête des pères? Tu t'occuperais des enfants pour que je puisse passer toute la journée à ma guise? Et tu m'amènerais dîner au restaurant?

— Pourquoi pas? répondit-elle en souriant.

Le jour de mon anniversaire, tu m'enverrais des fleurs?

— Pourquoi pas?

— Quand nous allons faire une randonnée à la campagne, que nous partons renifler l'air frais, tu conduirais la voiture pour que je puisse contempler le paysage et fumer une cigarette en me changeant les idées? Tu arrêterais m'acheter un cornet de crème glacée molle et tu en apporterais aux enfants?

— Pourquoi pas?

— Là, dis-je en riant, je suis sûr que tu diras non.

— Dis toujours.

— S'il m'arrivait un soir du mois, même plusieurs fois dans l'année, de manquer de... disons de manquer d'une chose dont j'ai besoin tous les mois, tu te rhabillerais, tu sauterais dans la voiture et tu irais à la seule pharmacie ouverte à cette heure?

Elle pouffa de rire

— Pourquoi pas?

— J'exagère... mais un matin d'hiver, quand il a neigé toute la nuit, tu te lèverais plus tôt que d'habitude, tu mettrais tes bottes et tes mitaines pour aller déneiger le perron et l'entrée du garage jusqu'à la rue?

— Pourquoi pas?

— L'été, le samedi après-midi, je pourrais mettre mon maillot et m'étendre au soleil pendant que tu couperais le gazon?

— Pourquoi pas?

— Est-ce que je pourrais t'appeler du bureau des fois et t'expliquer combien le patron a été désagréable, te dire que j'ai vraiment le goût de tout lâcher et de partir en voyage?

— Pourquoi pas?

Je me levai pour allumer une cigarette et allai m'asseoir dans le fauteuil non loin du lit.

— Quand nous recevons une invitation pour une soirée et que je n'ai plus rien à me mettre sur le dos, viendrais-tu m'acheter un costume neuf avec tes économies?

— Pourquoi pas?

— Le vendredi soir, quand nous revenons de l'épicerie, je pourrais me verser une bière et regarder la télévision pendant que tu déchargerais la voiture?

— Pourquoi pas?

— Et si je n'arrive pas dans mon budget à la fin du mois, tu me remettrais le chèque d'allocations familiales?

— Pourquoi pas?

Je refis le nœud de ma cravate que j'avais dénouée tout à l'heure et me pris à songer à la journée de fou que j'avais eue au bureau.

— Quand je reviens à la maison, que tout a mal été au travail, tu t'informerais de ma journée? Je pourrais même te demander cent fois dans la soirée si tu m'aimes?

— Pourquoi pas?

J'écrasai vivement mon mégot dans le cendrier.

— Tu te lèverais le matin, tu déjeunerais en vitesse sur le coin de la table, tu bûcherais huit ou neuf heures dans la journée et, le vendredi soir, tu m'apporterais ton enveloppe de paye?

— Pourquoi pas? répondit-elle en hochant la tête.

— Au fait, pourquoi pas?

Qu'ils reposent en paix!

— Je le savais! s'écria-t-elle.

Ma femme s'assit brusquement dans le lit et tira la chaînette de la lampe de chevet. Je m'éveillai en sursaut.

— Que se passe-t-il? Qu'est-ce qu'il y a?

La dernière fois qu'elle avait bondi ainsi, nous étions couchés dans le seul motel que nous avions pu trouver en bordure de la route de Québec et elle venait de se faire piquer sur une fesse par une punaise.

— Surtout, ne bouge pas, commanda-t-elle en posant la main sur mon épaule pour me retenir cloué au matelas.

— Non mais vas-tu me dire ce qui arrive?

— Est-ce que tu dormais?

— Je venais tout juste de m'assoupir.

— Et tu étais couché comme ça? Sur le dos...?

— Euh... ouais... je pense bien en tout cas.

— Je le savais! s'exclama-t-elle de nouveau, je le savais que tu te couches sur le dos. As-tu la moindre idée de ce que ça signifie quelqu'un qui se couche sur le dos?

— Qu'il s'endort, répondis-je bêtement et, il faut l'avouer, un peu mécontent.

Elle soupira.

— Eh bien! je vais te l'apprendre: ça veut dire qu'il se prend pour un roi, qu'il pense que tout le monde est à son service. En d'autres mots, c'est un égoïste!

— Hein?

Se faire éveiller en pleine nuit par un sermon de sa femme, c'est un peu fort! Je posai mon oreiller contre la tête du lit et je m'assis à mon tour.

— Veux-tu bien m'expliquer pourquoi je ne pourrais pas me coucher à mon goût?

— Tu sauras qu'un psychiatre de New York a découvert le langage du corps dans le sommeil, et quelqu'un qui se couche comme tu le fais, c'est un insensible.

— Voyons donc!

— Y'a pas de voyons donc, c'est comme ça.

— Et toi, comment tu dors?

— Tu le sais bien, je dors recroquevillée sur moi-même dans la position que les docteurs appellent «foetale».

— Et puis après?

— Ça veut dire que je ne peux pas éprouver complètement les joies et les peines de la vie parce que je... parce que...

— Tu ne vas pas pleurer au moins!

Elle essuya les larmes qui commençaient de perler et reprit, la voix étranglée par l'émotion:

— Parce que je manque de sécurité!

— Là, je ne comprends pas: je viens de faire installer une nouvelle serrure à la porte d'en avant, une chaîne de sécurité à la porte arrière...

— Je n'ai pas peur, dit-elle en sanglotant, je me sens «insécure» parce que tu dors couché sur le dos... Ce n'est pas normal que tu dormes ainsi et ce n'est pas plus normal que j'aie à dormir toute recroquevillée...

Ce fut à mon tour de soupirer. Mon Dieu que la vie de ménage serait facile sans les livres que publient les médecins et tous les magazines qui les résument!

— Bon, alors dis-moi comment il faudrait dormir...

— Il paraît que la position la plus courante, c'est celle de la cuiller, c'est-à-dire dos contre face comme on range des cuillers dans un tiroir à coutellerie!

— Ben... je n'ai pas d'objection à essayer.

Elle essuya ses yeux, ferma la lumière et s'étendit sur le côté gauche, me présentant le dos... et le reste.

Lentement, sans conviction, je me couchai aussi sur le côté gauche et m'approchai d'elle jusqu'à la toucher. Quelques minutes plus tard, elle dormait comme une bûche. Mais chaque fois que j'essayais de me dégager pour reprendre ma position favorite, elle s'éveillait en grognant. Je n'ai donc pas dormi de la nuit...

Les conseils des psychiatres, même pour dormir, il faut les prendre avec le dos de la cuiller!

De la tête aux fesses...

— Tu vois, je le savais, moi, que les hanches avaient chez les femmes beaucoup plus d'importance que chez l'homme.

— Tu le savais! Voyons donc, dit ma femme en haussant les épaules.

Rien n'empêche que c'est avec une satisfaction évidente qu'elle venait de lire le détail de la découverte d'un programmeur américain d'ordinateur, selon qui les mensurations des hanches des étudiantes à l'université donnent une excellente indication des résultats académiques qu'elles auront. En d'autres mots, on peut, en mesurant les hanches d'une étudiante, déterminer à l'avance si elle réussira bien ou mal. Plus les hanches sont larges, plus les notes académiques sont élevées. Les hanches ont donc quelque chose à voir avec les aptitudes d'une femme à apprendre, à mémoriser, à comprendre et sont responsables d'une partie de son intelligence. Malgré toutes les statistiques qu'on a fait avaler à l'ordinateur, il a formellement démenti la moindre relation entre l'intelligence et la grosseur du buste ou la taille d'une femme. Seules les hanches sont en cause.

— Veux-tu bien m'expliquer pourquoi tu affirmes que tu savais une chose aussi étonnante? demanda ma femme d'un ton sceptique.

— L'instinct, répondis-je.

J'avoue que je mentais un peu. C'est plus par déduction que par instinct que j'en étais arrivé à la même conclusion sans jamais avoir eu l'audace d'en parler.

Comme les femmes n'ont jamais eu beaucoup de respect pour l'intelligence, elles ont toujours eu le plus profond mépris pour des hanches trop larges et trop robustes. Les hommes, qui traditionnellement, et quoi qu'on en pense, recherchent d'abord l'intelligence chez leurs compagnes, n'ont-ils pas de tout temps montré une inclination marquée pour celles qui ont de fortes hanches? Mon grand-père, qu'on ne peut accuser de pensées égrillardes, lui qui a donné quatorze enfants à Dieu et trois prêtres à l'Église, ne voyait jamais entrer dans son magasin une femme aux hanches solides sans que son œil s'illumine et qu'il n'éprouve le désir d'engager la conversation. Plus la femme avait les hanches larges, plus il prenait plaisir à converser avec elle. Mon grand-père adorait la compagnie des femmes intelligentes.

Y eut-il dans l'histoire de la peinture plus grand génie que le peintre flamand Rubens? Plus saint homme aussi? Ses œuvres religieuses ne se comptent plus: la Descente de croix, l'Érection de la croix, la Montée au calvaire, l'Adoration des mages. Cet homme avait le génie de Michel-Ange et de Leonardo da Vinci, et regardez les femmes qu'il a peintes: des femmes pourvues de hanches larges et généreuses. Un génie recherche l'intelligence là où elle est.

Le corps humain a toujours eu la faculté de compenser lorsque l'une de ses parties montre des faiblesses momentanées ou congénitales. C'est bien connu que celui qui perd l'usage d'un œil voit la capacité de l'autre augmenter. Le manchot développe dans le bras qui lui reste une force remarquable, et il en est de même du cul-de-jatte. Malgré qu'elles aient toujours poussé les hauts cris lorsqu'on leur rappelait le fait, il est indiscutable et mesurable que le cerveau de la femme est moins volumineux que celui de l'homme. Un cerveau de femme, qu'elles aiment ça ou non, est plus petit. Quelle joie pour elles d'apprendre qu'une partie de leur intelligence se retrouve dans les hanches dont elles sont pour la plupart — et c'est tout aussi mesurable —, mieux pourvues que les hommes.

La nature a compensé dans les fesses ce qui leur manquait dans la tête!

J'espère que cette découverte va mettre un terme aux sarcasmes dont furent toujours victimes les hommes comme moi qui vantaient sans arrière-pensée l'intelligence d'une Sophia Loren, d'une Elizabeth Taylor et, dans une moins large mesure, d'une Brigitte Bardot ou d'une Raquel Welch. Plusieurs ne l'aiment pas, mais je n'ai pas encore rencontré un seul homme qui ait mis en doute l'intelligence de Lise Payette!

Les sarcasmes ne disparaîtront peut-être pas à court terme, mais je puis dire que l'attitude de ma femme a changé du tout au tout. Elle porte désormais des pantalons qu'elle n'avait jamais voulu mettre, prétextant qu'ils faisaient ressortir ce qu'elle appelait jusqu'ici avec mépris son «gros derrière»...

Un homme normal

— Mon Dieu, qu'est-ce que t'as?

— Je préfère ne pas en parler...

Comme elle fait toujours après ce genre de commentaire, ma femme baissa la tête, attendit quelques secondes, puis, comme je m'apprêtais à lire mon journal, elle reprit brusquement, sur un ton un peu froissé:

— On sait bien, quand tu vois qu'il y a des choses qui me tracassent, tu joues à l'autruche, la tête dans ton journal!

— Tu m'as dit que tu préférais ne pas en parler.

— Tu as demandé ce que j'avais d'une façon tellement distante! Quand tu constates que je ne suis pas dans mon assiette, tu pourrais être plus chaleureux, prendre les devants, me questionner...

Je repliai le journal sur mes genoux, je fis mine de rapprocher mon fauteuil du sien en le soulevant de la main droite et je lui souris. Elle était rassurée.

— Imagine-toi, dit-elle en soupirant, qu'Hélène et Albert vont se séparer...

Hélène, c'est une amie de couvent de ma femme. Elles ne se voient pas très souvent, mais elles entretiennent leur amitié au téléphone à raison d'une heure ou deux par semaine. Nous nous rencontrons à quatre deux ou trois fois par année.

— Je n'arrive pas à comprendre qu'elle veuille quitter Albert. C'est loin d'être un mauvais garçon.

C'est vrai qu'Albert fait bonne impression. Depuis 20 ans que je le connais, je ne l'ai jamais entendu casser du sucre sur le dos de quelqu'un, je ne l'ai jamais surpris en colère et on peut dire de lui qu'il est d'humeur égale. C'est même agaçant à la longue sa façon de tout accepter sans maugréer, même les choses qui feraient bondir le commun des mortels.

— Albert n'a pas mauvais caractère non plus. Jamais un mot plus haut que l'autre. Quand je pense à toutes les fois où tu montes sur tes grands chevaux...

À entendre parler ma femme, on jurerait que je suis l'être le plus exécrable du monde.

— J'espère qu'Hélène a bien réfléchi, parce qu'un homme comme lui, c'est pas facile à trouver.

— Albert, c'est quand même pas Einstein...

— Qu'est-ce que tu veux dire? demanda ma femme.

— Euh... bien, disons que j'ai déjà rencontré des hommes plus intelligents.

— En tout cas, il est loin d'être moche. Et il ne boit pas...

— Comme si je prenais une cuite tous les soirs!

— Samedi dernier, quand on est rentré de chez ta sœur, t'avais de la difficulté à mettre un pied devant l'autre.

— Des choses qui arrivent peut-être six ou sept fois par année.

— Quand je t'ai connu, c'était beaucoup plus fréquent...

Il me semble qu'elle devrait se réjouir que j'aie réussi à m'amender.

— Si Albert ne boit pas, dis-je pour qu'elle se fasse moins d'illusions à son sujet, c'est qu'il a été opéré de la vésicule biliaire et qu'il a peur à son foie.

— T'as jamais compris que c'était une excuse polie pour que tu ne te sentes pas mal quand tu dépassais la mesure? Albert, c'est pas quelqu'un qui aime mettre les autres mal à l'aise. C'est difficile pour toi d'apprécier cela, parce que ce n'est pas ton genre.

— Je suis franc: quand quelque chose m'agace, je le dis.

— C'est pas normal de ne rien passer aux autres.

— Pas normal! Pas normal! Comme si on pouvait juger ce qui l'est et ce qui ne l'est pas.

— Je vais sans doute t'étonner, dit ma femme en me regardant droit dans les yeux pour que ses propos me servent aussi de leçon, mais j'ai conseillé à Hélène de bien réfléchir avant de laisser Albert, parce que je considère qu'elle a entre les mains l'homme le plus normal que je connaisse...

— C'est peut-être pour ça qu'elle s'ennuie!

10

*Si les femmes savaient à quoi elles s'enga-
gent lorsqu'elles se marient, elles se marieraient
quand même.*

L'habit fait le moine

Ma femme déteste lire les journaux. C'est une enragée des magazines, une dévoreuse. Elle en est même intoxiquée. Elle laisse traîner des magazines partout dans la maison pour être certaine de ne jamais en manquer, quelles que soient les circonstances. Les alcooliques n'agissent pas autrement avec leur flacon de gin ou de whisky. Il y a des magazines en permanence sur le rebord de la baignoire, sur le couvercle du réservoir d'eau de la cuvette, sur la commode dans le couloir, sur le palier de l'escalier, sur le rebord de la fenêtre du boudoir, sur la table à café dans le salon, sur le comptoir de la cuisine, sur la table de téléphone dans le hall, sur la banquette arrière de la voiture, sous la banquette avant, sur mon établi dans le garage, sur le parquet du placard et sur la tablette du haut, sous les marches de l'escalier du sous-sol, sans parler de la bibliothèque qui en compte un rayon complet et du coffre de cèdre qui renferme des centaines de coupures et de pages, toutes extraites des milliers de magazines qui ont envahi la maison sous le règne de ma femme actuelle.

Si par hasard elle jette un œil sur les journaux que j'achète, c'est toujours pour tomber sur des nouvelles ou des entrefilets qui la confirment dans sa mauvaise opinion.

Un soir de cette semaine, pendant que je regardais la série mondiale de baseball à la télévision, elle allongea le bras et s'empara du cahier du journal que j'avais laissé glisser sur le tapis. Elle le parcourut en diagonale et son regard se fixa sur une page en particulier. Après quelques minutes, elle froissa bruyamment le journal qu'elle envoya rouler à mes pieds.

— Maudit qu'ils sont fous. Sont malades, les journalistes, publier des stupidités pareilles!

Il n'y a sûrement pas une femme au monde qui traite le métier de son mari avec plus de mépris que ne le fait la mienne. Je serais balayeur de rue que j'aurais droit à plus de respect.

— Qu'est-ce qu'on a fait encore? demandai-je pendant qu'on diffusait de la publicité à l'écran.

— As-tu lu la nouvelle au sujet des prostituées de Toronto?

— L'histoire des uniformes, là?

Elle fit signe que oui.

— Je trouve que c'est une excellente idée.

Heureusement qu'il ne restait qu'une demi-manche parce que j'aurais sûrement raté ma partie de baseball tant ma femme réagit vivement à mon commentaire.

— Faire porter des uniformes aux prostituées pour qu'on puisse les reconnaître, s'exclama-t-elle. C'est de la bêtise.

— Moi, je ne trouve pas la suggestion si stupide. Si les prostituées portaient des uniformes, les honnêtes femmes ne risqueraient plus de se faire ennuyer dans la rue ou dans le métro. L'uniforme, c'est encore le meilleur moyen de savoir à qui on a affaire. Les policiers portent bien un uniforme et tu ne t'en formalises pas.

— Il y a une jolie différence entre un policier et une prostituée.

(J'aurais pu faire une blague ici mais l'atmosphère était trop tendue.)

— Fais la comparaison que tu veux, dis-je, c'est pareil. Les chauffeurs d'autobus portent un uniforme, les garçons de table, les pompiers, les femmes de chambre, les hôtesses de l'air, les soldats... On n'en finirait plus d'énumérer tous ceux qui pratiquent un métier que distingue un uniforme.

— Ils sont en uniforme parce qu'il pourrait y avoir méprise. Les prostituées, elles ont ça écrit dans la face.

Je regardai ma femme en l'interrogeant des yeux. Pour moi, ce n'était pas si clair qu'elle le prétendait.

— Écoute, dit-elle, suffit d'observer un peu. As-tu déjà vu une prostituée avec un soutien-gorge, par exemple?

— J'imagine qu'elles n'en portent pas...

— Voilà déjà un indice. Tu n'as pas remarqué qu'elles ont la plupart du temps les cheveux frisés dur comme un mouton? T'as jamais porté attention au fait qu'elles portent presque toujours leur sac à main à bout de bras?

— C'est vrai...

— Ce n'est pas tout. Indique-moi une seule prostituée qui ne se maquille pas les yeux avec du gros crayon gras, qui ne se barbouille pas les joues de fard et ne s'enduit pas les lèvres d'une épaisse couche de rouge.

— T'as bien raison.

— Si t'ouvrais les yeux, tu verrais aussi que la plupart se tiennent au coin des rues, le plus souvent là où il y a des arrêts d'autobus. De toute manière, tu ne peux pas les manquer, elles portent des souliers à talons hauts et à bouts pointus comme ça...

Elle prit un magazine sur la table à café, l'ouvrit et me montra les souliers dont elle parlait.

— Faut vraiment être aveugle pour ne pas reconnaître une prostituée.

J'ose à peine le dire mais maintenant que ma femme m'a ouvert les yeux, j'en vois partout. Est-ce possible qu'il y en ait autant?

Jérémiades

— Comme d'habitude... tu soupes, tu t'empiffres sans un mot gentil, tu t'installes dans ton fauteuil et tu te dissimules derrière ton journal pour éviter de m'adresser la parole.

— Et toi? Tu ne parles pas davantage.

— Qu'est-ce que tu veux que je raconte? Que j'ai lavé la vaisselle, que j'ai épousseté?

— Tu pourrais me parler des enfants...

— Ah! je l'attendais celle-là. Les enfants! Ils sont allés à l'école, ils ont terminé leurs devoirs et là, ils regardent la télévision. Non, mais tu t'imagines qu'il peut survenir toutes sortes d'aventures entre les quatre murs de cette maison.

— Je n'imagine rien.

— Parle alors. T'es allé au bureau, toi. Qu'est-ce qui s'est passé?

— Le patron avait la grippe...

— Et après?

— Il n'est pas entré...

— C'est tout?

— C'est tout.

— Ah! c'est tout? Par exemple! Tu es parti toute la journée, tu manges au restaurant...

— J'ai mangé à la cafétéria.

— Cela ne change rien. Tu pars à neuf heures et tu reviens à sept et à t'entendre, il ne se passerait rien entre-temps.

— Eh! non.

— Tu mens.

— Si tu veux.

— Avec qui as-tu mangé?

— J'ai mangé seul.

— C'est pas vrai. Tu viens d'avouer que tu avais mangé à la cafétéria. Ils ne doivent pas préparer des repas pour toi tout seul.

— Non.

— Et la secrétaire?

— Qu'est-ce qu'elle a, la secrétaire?

— Où a-t-elle mangé?

— À la cafétéria.

— Tu vois. Tu n'as pas mangé seul, tu es allé à la cafétéria avec la secrétaire.

— Mais jamais de la vie!

— Tu mens encore. Si je ne te tirais pas les vers du nez, je ne saurais jamais rien. C'est ça quand on joue toute la journée à la femme de ménage. Le mari en profite.

— Mais crois-tu que je m'amuse au bureau?

— Et moi que je m'amuse à la maison? Tu penses que c'est une sinécure de laver du linge, de repasser, de coudre, de faire la cuisine, de décrotter les enfants...

— Je n'ai jamais dit ça.

— Mais tu le penses! Ne raconte pas d'histoires. Ça ne prend pas.

— Mais...

— N'ajoute surtout pas que tu en as assez de toutes tes responsabilités, que ce n'est pas drôle de gagner la vie d'une famille.

— Je n'ai rien ajouté.

— Tu te préparais à le faire. Je t'ai enlevé les mots de la bouche encore une fois. Avoue que tu m'as dit souvent que tu changerais volontiers de place avec moi.

— Et je le répète.

— Tu vois! Ainsi, tu prétends que c'est plus drôle de se lever avant tout le monde pour préparer le petit déjeuner, de courir à l'épicerie deux ou trois fois la semaine, d'aider les enfants à faire leurs devoirs, de repriser des chaussettes pleines de trous, de presser les mêmes pantalons jour après jour, de...

— Je ne prétends rien du tout.

— Écoute-moi ça. Il ne prétend rien. Mais quand tu m'offres de changer de place avec toi, c'est que tu imagines que je ne fais rien à la maison. Parle, arrête de te défiler.

— Je ne me défile pas.

— Où vas-tu alors?

— Je sors.

— Ah! monsieur sort. Est-ce que je pourrais savoir pourquoi?

— Pour avoir la paix.

— Tu ne seras pas long à revenir.

— Comment ça?

— Parce que je te connais: tu ne pourras pas endurer longtemps d'avoir la paix!

Elle lance et... compte!

— C'est incroyable!

Je n'avais pu retenir une exclamation en apprenant qu'un jugement de Cour obligerait désormais nos équipes de hockey à accepter des filles dans leurs rangs. J'ai tout accepté du mouvement de libération des femmes, mais de là à ne rien dire lorsqu'il désacralise notre sport national, il y a des limites. Heureusement que ma femme accroupie sur le tapis du salon n'avait d'yeux que pour son manucure, car elle eût été foudroyée par le regard sans pitié que je lui avais lancé.

— Veux-tu me dire où vous voulez en venir? demandai-je, comme si elle était l'unique responsable de tous les excès de ses sœurs.

Elle me regarda avec un sourire malicieux et fit mine de ne rien comprendre à mon indignation, même si j'étais convaincu qu'elle avait aussi lu la nouvelle.

— Une fille dans les buts d'une équipe de hockey!

— Puis après?

C'est incroyable! Les femmes en sont rendues à s'arroger tous les droits. Je ne serais pas étonné qu'elles finissent par croire qu'un nouveau-né de sexe féminin se trouve automatiquement pourvu d'une qualité supplémentaire et que le genre masculin a quelque chose de péjoratif.

— Vous avez fini, ajouta-t-elle sans se départir de son sourire narquois, de vous amuser entre vous, d'avoir du plaisir entre hommes. C'est parce que vous avez toujours pratiqué tous les sports jalousement entre vous que nous ne sommes pas encore au même diapason, mais ce n'est qu'une question de temps...

Faut-il que les femmes aient l'esprit mal tourné pour croire qu'elles finiront par jouer au hockey avec le même brio que les hommes!

— Tu ne t'imagines pas qu'on en arrivera à accepter des femmes dans la ligue Nationale?

— Pourquoi pas? Quand les filles seront des vedettes dans les mineures, les propriétaires d'équipes majeures ne se feront pas prier pour les embaucher. Qui aurait dit qu'on verrait des Suédois et des Tchécoslovaques dans des chandails réservés jusque-là à des Canadiens?

— C'est pas pareil du tout. Tu sais bien que des gars bien élevés comme Lafleur ou Michel Bossy n'oseraient jamais lancer à leur force sur un gardien de but qui serait une femme.

— Ah! non? Ils finiront par s'habituer... Qui aurait dit il y a une génération que vous pourriez vous habituer à ne pas céder votre siège dans le métro ou l'autobus, même à une femme enceinte?

Chaque fois que tu discutes d'égalité des sexes avec une femme, elle te fourre sous le nez des exemples qui tendent à démontrer qu'elle continue de souhaiter un traitement privilégié. Égales oui, mais pas pour porter les sacs de vidanges à la rue, pas pour laver la voiture, creuser des fossés ou déboucher le bol des toilettes. De toute manière, ma femme frappait en bas de la ceinture. Pourquoi toujours brandir la maternité, comme si cela dotait la femme d'une immunité absolue? Est-ce que j'ai déjà désiré qu'une femme bien reposée, fraîche et dispose, me cède sa place dans l'autobus parce que je m'étais esquinté, la nuit précédente, à essayer de devenir père? C'est pas parce qu'elle est moins visible que la paternité est moins éreintante que la maternité.

250

Si jamais les femmes se retrouvent dans la ligue Nationale, les Russes n'ont pas fini de gagner les championnats mondiaux. Nous ne serons plus jamais de taille. En plus d'avoir contribué à la déchéance de notre sport national, les femmes auront participé à l'érosion de notre suprématie internationale. Pour la première fois de ma vie je regardai ma femme avec une hostilité mêlée à un grand sentiment d'impuissance. Elle dut le sentir car elle perdit enfin son sourire désobligeant.

— Vaut mieux t'y faire, dit-elle, c'est pas fini. Tu sais qu'aux États-Unis la Cour a défendu d'interdire l'accès du vestiaire des joueurs aux femmes journalistes.

— J'espère au moins que tu trouves ce jugement stupide.

— Absolument pas! Si les femmes n'avaient pas accès au vestiaire des joueurs de hockey, cela signifie qu'un métier comme celui de rédacteur sportif ne leur serait jamais accessible. C'est la simple suite logique pour quiconque reconnaît l'égalité de la femme...

— C'est le bout de la m..., marmonnai-je.

— Qu'est-ce que tu dis?

— Rien... Je pensais seulement que je vais demander d'entrer dans le vestiaire des mannequins lorsqu'il y a des défilés de modes.

Elle déposa bruyamment sa mini paire de pinces sur la table de verre.

— Vous autres, les hommes, tout ce que vous avez en tête, c'est le sexe!

Des fois, que j'aimerais donc que ma femme discute comme un homme!

Réflexes conditionnels

Il est rare de trouver dans les journaux la confirmation de ses propres opinions. L'autre soir, c'est Air Canada qui me valut l'une des grandes satisfactions de ma vie.

— Je parcourais paisiblement le journal, lorsque je lus que notre compagnie aérienne avait, dans sa sagesse, fixé à 32 ans l'âge de la retraite de ses hôtesses de l'air. Les fins psychologues d'Air Canada ont conclu qu'à cet âge les hôtesses n'ont plus les réflexes assez vifs pour garantir la sécurité des voyageurs en cas d'urgence.

J'aurais pu, si on me l'avait demandé, faire la preuve qu'une femme d'un certain âge n'a presque plus de réactions.

Je voulus m'en convaincre une dernière fois.

Posant le journal sur la table, j'avançai à pas feutrés vers le fauteuil où ma femme s'était assise pour regarder un vieux film à la télévision. Après avoir savamment mouillé mes lèvres avec ma langue pour accentuer l'intensité de ma marque d'affection, je l'embrassai dans le cou. Elle ne bougea pas un seul cheveu.

Il est vrai qu'au même moment, Clark Gable, de sa moustache sexy, caressait la joue d'une actrice à laquelle sans aucun doute ma femme s'identifiait. J'attendis quelques instants, le temps de voir Gable s'affairer ailleurs, et j'embrassai ma femme sur la nuque. Elle tourna lentement la tête et me dit d'une voix terne:

— Mon Dieu que t'es jeune! T'as rien d'autre à faire que de m'importuner? Je regarde le film...

Elle braque de nouveau son regard sur l'appareil.

Quand elle était plus jeune, le moindre baiser dans le cou la faisait tressaillir et je n'avais même pas besoin d'humecter mes lèvres. C'était plus efficace qu'un choc électrique.

Avant de retourner m'asseoir, je tentai une autre expérience.

Je m'accroupis et pris délicatement sa main qui pendait le long du fauteuil. Je la serrai une bonne minute, la caressant même du bout des doigts dans l'espoir de sentir une réaction. Rien! Pas même cette sueur fraîche qui avait l'habitude, les soirs où nous allions au cinéma, de sourdre sur sa main comme par enchantement lorsque je la serrais dans la mienne.

J'allongeai le pied pour toucher le sien. À l'époque, c'était mon truc favori pour manifester mon affection quand le placier du cinéma se faisait trop insistant avec sa lampe de poche.

Elle retira son pied, se gratta la jambe avec indifférence et ne parut rien remarquer de mon manège. J'y allai plus rondement, lui poussant le pied du bout de mon soulier. La réaction se fit attendre encore un peu.

— Vas-tu finir, espèce de maniaque! cria-t-elle en m'envoyant un coup de pied sur le tibia.

Je retournai boitillant à la table, pris le journal et revins vers le fauteuil.

— Sais-tu, dis-je, qu'Air Canada a décidé de mettre ses hôtesses à la retraite dès l'âge de 32 ans?

Elle ne broncha pas.

— Tu ne me demandes pas pourquoi?

— Est-ce que tu m'aimes? dit Clark Gable à sa jeune partenaire par la voix d'un mauvais acteur français.

L'actrice roula immédiatement des yeux fous d'amour et un message commercial vint couper son élan.

Ma femme tourna enfin la tête vers moi. J'en profitai pour lancer avec ironie qu'Air Canada avait découvert qu'une femme de 32 ans n'a plus de réflexes...

Je n'eus pas le temps d'ajouter quoi que ce soit. Vive comme l'éclair, ma femme m'arracha le journal des mains, le chiffonna sans pitié et l'envoya choir dans le coin du salon.

— Viens jouer les amoureux encore pour voir...

Elle était rouge de colère.

Cet incident a ébranlé mes convictions. Se peut-il que ma femme garde d'aussi bons réflexes qu'autrefois, mais qu'ils ne soient plus les mêmes?

L'événement d'octobre

Ce matin-là, il faisait un soleil radieux. On aurait dit un matin de juillet avec des arbres sans feuilles.

— Te lèves-tu? demandai-je à ma femme en lui imprimant dans le cou un petit bec gentil.

Elle se tourna en ronchonnant, sans même ouvrir l'œil. Quel dommage de ne pas savoir profiter des distractions d'octobre!

Je sautai à bas du lit, touchai quatre fois le bout de mes orteils avec les mains, pris trois longues respirations et me battis la poitrine comme Tarzan. Le bruit de mes poings sur ma cage thoracique résonna dans la chambre comme le bruit d'une grosse caisse.

— Veux-tu me laisser dormir? grogna ma femme en s'encapuchonnant avec le drap.

Je finis mes exercices dans la solitude de la salle de bains. Comme d'habitude, je déjeunai d'un café-instant (le plus cher) et d'un morceau de toast couvert de beurre d'arachides. J'empoignai mon imperméable dans le placard du hall mais, comme le mercure indiquait déjà 15 degrés, je l'envoyai choir sur le dossier d'une chaise. J'entrouvris la porte de la chambre:

— Bye! mon chou...

— Aaahh... euhhh...

Décidément, valait mieux la laisser dormir! J'arrivai au bureau quelques minutes plus tard, frais comme l'œillet que porte toujours à la boutonnière le Premier ministre Trudeau les jours de mauvaises nouvelles. Une heure après, l'envie me prit de téléphoner à ma femme. De crainte de la sortir du lit je patientai une autre heure.

— Allô! c'est moi... Il est presque 11 heures.

— Et puis après?

— C'est presque l'été aujourd'hui... Tu devrais...

Elle me raccrocha au nez. Un autre jour que celui-là, j'aurais rappelé pour lui chanter une poignée de bêtises, mais le temps ni mon humeur ne s'y prêtaient. De toute manière, j'aurais sûrement l'occasion de lui reparler puisqu'elle m'appelle toujours au milieu de l'après-midi pour me demander ce que je veux manger au souper. À l'heure du lunch, le patron m'invita à casser la croûte avec lui. Il me parla longuement de sa femme qui refuse de repasser ses chemises blanches. Je ne savais même pas qu'il existe encore sur le marché autre chose que des *Wash & Wear*. Le patron est d'ailleurs le seul homme que je connaisse (avec le commis de la pâtisserie) à porter des chemises blanches. Je lui conseillai de profiter de l'obstination de sa femme pour renouveler un peu sa garde-robe, d'autant plus qu'avec les salaires qu'on verse aux cols bleus, il n'y a plus de raison d'en porter des blancs.

À 4 heures, comme ma femme n'avait pas encore appelé, je téléphonai à la maison. Pas de réponse! À 4 h 30 je composai de nouveau. Toujours pas de réponse! Cinq minutes avant de partir, j'essayai encore, mais en vain. Sur le coup, ces appels restés sans réponse ne m'intriguèrent pas le moins du monde, mais en sortant de l'ascenseur, quand un copain m'invita à la taverne, une vive inquiétude surgit dans ma tête. Peut-être que ma femme était malade! Peut-être qu'on la séquestrait! Il arrive tant de choses. Mortellement inquiet, je déclinai l'invitation et montai dans un taxi.

— Vite, je pense qu'il est arrivé un accident chez moi...

Le chauffeur haussa les épaules et me fit signe de regarder devant: la rue était embouteillée d'un trottoir à l'autre et je mis pour me rendre à la maison deux fois plus de temps que la normale. Tremblant de peur, je n'arrivais pas à trouver ma clé. Je finis par ouvrir la porte pour découvrir ma femme en train de lire dans le salon. Elle était en robe de chambre.

— Es-tu malade?

— Ben non! dit-elle, me jetant un regard rapide par-dessus son épaule.

— J'ai appelé trois fois...

— J'avais décidé de ne pas répondre au téléphone... Si tu veux manger, il y a les restes d'hier au frigo. Moi, je n'ai pas faim.

Après avoir rangé mon imperméable resté sur le dossier de la chaise, je me préparai une fricassée avec un morceau de rosbif.

— T'es certaine que tu ne veux rien?

— J'ai mangé, répondit-elle en continuant sa lecture.

Après souper, je lavai la vaisselle et vins m'asseoir près d'elle au salon. Je regardai la télévision jusqu'à 11 heures. Elle aussi.

— On devrait se coucher, dis-je après le téléjournal.

J'eus à peine le temps d'enlever ma chemise que ma femme était sous les draps. En me couchant, je vis qu'elle sanglotait.

— Qu'est-ce que tu as?

— Tu ne remarques rien? demanda-t-elle en s'asseyant brusquement dans le lit.

Je la regardai attentivement: elle n'avait pas changé de coiffure. Je regardai autour: elle n'avait rien acheté.

— Sais-tu seulement quel jour c'est aujourd'hui?

— Ben... euh... le 29 octobre.

— Et alors?

Le 29 octobre... Ce n'était ni son anniversaire, ni celui de notre mariage, ni celui de sa mère. Force me fut de hausser bêtement les épaules.

— C'était la grève des femmes et t'as même pas remarqué!

Elle se coucha, rabattit le drap sur sa tête et fondit en larmes.

Je veux bien qu'on m'accuse de tous les péchés, mais dites-moi seulement comment je pouvais deviner qu'elle avait fait la grève en ce 29 octobre?

Non monsieur!

— Regarde...

— Tu as reçu une lettre de ta mère?

— Oui, mais ce n'est pas ce que je veux te montrer. Tiens...

Ma femme, les yeux pleins d'eau, pointait du doigt l'adresse inscrite sur l'enveloppe.

— Pourquoi tu pleures, c'est la bonne adresse. Des mauvaise nouvelles?

— Mais non, tu ne comprends pas.

Qu'y avait-il à comprendre? J'arrive à la maison comme d'habitude et, au lieu de me sauter au cou pour m'embrasser, ma femme bondit avec une enveloppe qu'elle me passe sous le nez, m'enjoignant de regarder. Je ne voyais rien de très particulier.

— Explique-moi, dis-je.

— Madame Guy Fournier, c'est adressé à Madame Guy Fournier. N'est-ce pas merveilleux?

J'avoue que je ne voyais pas en quoi le fait qu'on adresse une lettre à ma femme puisse être merveilleux.

— C'est normal, dis-je, sinon tu ne l'aurais pas reçue. Ta mère ne pouvait quand même pas l'adresser à Madame Hurtubise, non?

— T'es donc bête. Tu ne réalises pas que c'est la première lettre de ma vie que je reçois ainsi adressée? Tu sais ce que je vais faire? Je vais la garder précieusement comme tes lettres d'amour. Plus tard, quand j'aurai une fille qui se mariera, je la lui donnerai en cadeau en lui disant: «Voilà la première lettre qu'a reçue ta mère en tant que femme mariée!»

Elle serra la lettre contre sa poitrine et m'embrassa. Deux grosses larmes roulaient sur ses joues.

C'était il y a 15 ans. Quelques années plus tard, ma femme commença à se faire appeler par son prénom. Elle en vint même à sourciller quand on avait le malheur de la présenter comme madame Fournier. Plus tard encore, elle fit les démarches nécessaires pour n'utiliser que son nom de famille, reléguant du même coup le mien aux oubliettes. Son initiative lui attira de nombreux ennuis puisqu'elle se buta tout de suite à l'esprit soupçonneux des commerçants qui refusèrent d'encaisser des chèques ou de lui faire crédit, sans compter que plusieurs colis qu'on lui envoyait étaient retournés à l'expéditeur avec la mention: «Inconnue à cette adresse». À ce sujet, je confesse que j'en fus quelquefois responsable...

Un soir de la semaine dernière, alors que je rentrais à la maison, ma femme se rua sur moi avec une enveloppe qu'elle me passa agressivement sous le nez.

— Regarde...

— Ben quoi, c'est ton compte Visa.

— Je le sais, mais ce n'est pas ce que je veux te montrer.

Folle de rage, elle pointait l'adresse du doigt.

— C'est le bon nom, la bonne adresse et tout. As-tu besoin d'argent pour payer ton compte?

— Tu ne comprends rien.

— Qu'y avait-il à comprendre? Je ne voyais rien de particulier.

— Explique-moi, dis-je.

— Tu n'as jamais pensé que ce n'est pas mon nom?

— Comment ça, pas ton nom? C'est ton prénom et ton nom de famille. Qu'est-ce que tu veux de plus?

— Je veux un nom à moi. Ça c'est le nom de mon père...

— Et puis après?

260

— Si tu penses que je vais passer ma vie à me promener avec le nom d'un homme, tu te trompes... Non monsieur, c'est fini.

Hier, en fouillant dans mes vieux papiers, j'ai retrouvé la lettre de sa mère, la première qu'elle reçut en tant que femme mariée. Comme nous n'avons pas de fille, je l'ai déchirée...

Il faut de l'étoffe

— Ferme la télévision et viens te coucher!

Au moins si j'avais eu l'impression que ma femme me lançait une invitation! Son ton avait tout du commandement, rien d'une douce et chaleureuse invitation. Bien calé dans mon fauteuil, le contrôle à distance dans la main, loin de fermer la télévision j'en augmentai le volume. À ce moment précis, Jean-Pierre Roy annonçait que la courbe de Steve Rogers venait d'enregistrer une autre fois. Il était en grande forme et c'était son cinquième retrait en six manches.

— Veux-tu me dire ce que tu trouves d'intéressant à ce jeu de fous-là?

— Y'a des millions d'Américains qui se passionnent pour le baseball, alors je ne suis pas un cas unique.

— Viens te coucher.

Son ton était encore plus cassant. Pendant les messages publicitaires, je me mis à penser que les femmes qui lèvent le nez sur des sports comme le baseball auraient beaucoup à gagner à en étudier le jeu.

— Veux-tu que je t'explique quelque chose? demandai-je à ma femme qui avait fourré sa tête sous l'oreiller pour ne pas entendre les propos des commentateurs.

— Quoi?

— Un lanceur et un frappeur, au baseball, c'est comme une femme et un homme...

— Qu'est-ce que tu veux dire?

— Ils jouent au chat et à la souris. Le lanceur essaie de prendre l'autre au piège.

Ma femme posa l'oreiller contre la tête du lit et s'y appuya.

— Quelle finesse y a-t-il pour un joueur à lancer des balles l'une après l'autre, hein?

— Justement, il ne fait pas juste lancer des balles l'une après l'autre. Il étudie le frappeur, il l'examine, il cherche à le déjouer. Tu vois, là, il lance une courbe parce qu'il a l'impression que le frappeur attend une rapide. Et s'il pense qu'il attend une rapide, il lance une glissante ou une balle cassante, une droite ou une balle mouillée même si ce n'est pas permis. Il a tout un arsenal de trucs. Plus il en a, plus il est bon.

Les frappeurs des Expos venaient d'être retirés dans l'ordre et Rogers revint au monticule. Ma femme était intriguée. Elle se leva et vint s'asseoir à mes pieds pour regarder la partie.

— Regarde bien le grand Steve, dis-je, tu vas voir s'il est habile...

Si seulement ces quelques minutes pouvaient lui apprendre qu'on n'attrape pas un homme avec du vinaigre! On dirait que les femmes font machine arrière dans la vie. Quand elles sont jeunes et présumément sans expérience, elles n'abordent jamais un homme de front. Elles prennent des détours, elles câlinent, elles ratourent, elles clignent des yeux, elles se mouillent les lèvres. En vieillissant, elles abandonnent tout cet arsenal pour ne conserver qu'une droite rapide: «Ferme la télévision et viens te coucher!» C'est l'inverse d'un bon lanceur qui commence sa carrière avec une ou deux balles à effet et qui finit par en posséder un choix extraordinaire. Depuis quelques années, Rogers n'a pas son pareil.

— Tiens, il vient juste de passer un sixième frappeur dans la mitaine...

— Qu'est-ce que ça veut dire: passer dans la mitaine?

— Qu'il l'a eu! Tu vois, quand on sait s'y prendre... Un lanceur, c'est comme une femme...

— Est-ce qu'il lance souvent, lui?

— Tous les deux ou trois jours. C'est pas mal plus que la moyenne des femmes...

— Et qu'est-ce qu'il fait entre les parties, lui?

— Euh... bien, il se repose.

— Tu peux toujours regarder ton Steve Rogers, moi je me couche. Entre deux parties, moi, je n'ai pas comme lui le temps de me reposer.

11

*Il n'y a rien d'aussi inquiétant qu'une femme
qui lave la vaisselle avec un grand sourire.*

Elle m'aime bocaux...

Chaque soir avant de me coucher, je monte sur le pèse-personne dans la salle de bains et m'assure de n'avoir ni engraissé ni maigri. Comme je répète ce geste depuis des années, il est devenu si machinal que la seconde d'après je ne me souviens même pas du poids qu'indique le voyant. Voilà pourquoi, entrant dans la chambre, je restai bouche bée quand ma femme, qui était assise dans le lit et parcourait le journal, me demanda combien je pesais. Il fallut que je retourne me peser avant de répondre.

— Cent quarante-cinq livres, dis-je en prenant place dans le lit à mon tour.

— Juste?

Pourquoi s'intéressait-elle à mon poids? D'habitude c'est le sien qui la préoccupe.

— Et demie, ajoutai-je pour être tout à fait précis.

— Veux-tu une partie du journal?

Elle me tendit le premier cahier, celui des mauvaises nouvelles. À l'exception des défaites des Canadiens, des Expos ou des Alouettes, toutes les mauvaises nouvelles sont concentrées dans le premier cahier des quotidiens. Dans les autres, c'est neutre. Il arrive même qu'on y lise de très, très bonnes nouvelles.

Pendant que je notais une autre hausse des prix du pétrole, je vis du coin de l'œil ma femme qui souriait. Évidemment, elle lisait les pages agréables.

— Qu'est-ce que t'as à sourire?

— C'est incroyable...

Elle garda les yeux rivés quelques secondes encore sur l'article qu'elle terminait et me passa le cahier.

— Lis ça.

Elle pointa du doigt un article assez court dans lequel on expliquait que Yong Am Pin, 45 ans, citoyen américain d'origine coréenne, non seulement avait tué son épouse, mais avait découpé son cadavre en 35 morceaux qu'il avait enfouis dans des bocaux scellés avec du ciment. Un frisson me courut le long de l'épine dorsale. Il faut qu'un homme soit à bout pour découper ainsi un être qu'il côtoie depuis un quart de siècle!

— C'est épouvantable, dis-je à ma femme qui souriait toujours.

— En tout cas, c'est surprenant. D'habitude ce sont les femmes qui font les conserves!

— C'est tout ce que ça te fait?

— Tu dis souvent qu'un homme et une femme qui s'aiment ne songent jamais à divorcer mais pensent plutôt à se tuer.

C'est vrai qu'il m'arrive de faire ce commentaire, mais ce n'est rien de plus qu'un moment de mauvaise humeur sans conséquence.

— As-tu lu l'article jusqu'à la fin?

Je fis signe que non. Le tribunal d'Essex, au Maryland, a condamné ce triste individu à 25 ans de prison — la durée de son mariage avec sa femme —, pour homicide sans préméditation.

— Sans préméditation!

— Bien oui, ajouta ma femme. Ils ont dû se chicaner pour un rien et hop! sans réfléchir, Yong Am Pin s'est emparé d'un marteau et a frappé sa compagne... T'as vu ce qu'a conclu le psychiatre?

L'article se terminait par le résumé du témoignage du psychiatre cité par la défense. Le médecin fit valoir au jury que la façon très méticuleuse avec laquelle son client s'était débarrassé du cadavre de sa femme l'avait aidé à retrouver sa sérénité et son équilibre mental.

Quand j'éteignis la lumière, ma femme souriait encore. À trois heures du matin, n'ayant pas encore réussi à fermer l'œil, je me levai pour aller prendre un biscuit et un verre de lait. Ouvrant la porte de l'armoire, la vue de tous les bocaux vides que garde précieusement ma femme me figea net. J'avais toujours imaginé que sa répugnance à se débarrasser d'un bocal vide n'était qu'une manie de ménagère économe. Sans bruit, je sortis tous les pots de l'armoire. Il y en avait 78! Additionnant la capacité de chacun indiquée sur l'étiquette ou gravée dans le verre, c'est avec consternation que je constatai que les 78 bocaux avaient une capacité de 2 280 onces. En onces, c'est exactement mon poids actuel!

Amour insouciant

Est-ce que votre femme cultive des violettes africaines? Non? Alors vous ne savez rien de ces petites plantes diaboliques qui s'appellent Laura, Clémentine ou Rose, Rire, Goutte de citron, Étoile filante et Plume de perroquet. Pour votre gouverne, il se trouve même une variété qu'on a baptisée «Amour insouciant». C'est celle-là que cultive ma femme. Je vous donne son signalement au cas où des gens malfaisants voudraient l'introduire chez vous à votre insu: les feuilles ressemblent à celles de toutes les autres violettes, c'est-à-dire qu'elles sont vertes, épaisses et velues comme les jambes d'une femme qui ne s'est pas épilée depuis deux semaines, mais les fleurs ont la forme vague d'une étoile aux pointes couleur de vin. Si vous apercevez cette variété de violettes quelque part, ne demandez pas votre reste, détalez avant qu'on n'en mette un pot dans les mains de votre femme. C'est le pire malheur qui pourrait vous arriver.

D'après mon expérience, c'est après une quinzaine d'années de mariage que les femmes commencent à s'adonner aux violettes africaines. Celles qui n'ont pas d'enfants sont susceptibles de s'y laisser aller beaucoup plus hâtivement. J'en connais même une qui s'est procurée des «Guenilles heureuses» —

autre variété —, cinq ans jour pour jour après son voyage de noces. Son mari a divorcé peu de temps après, mais elle s'est enfoncée plus avant dans son vice. Aujourd'hui, toutes les fenêtres de sa maison sont assiégées par des régiments complets de violettes et on ne peut même plus voir quel temps il fait dehors.

De toutes les femmes, Anglaises et Allemandes sont celles qui résistent le plus mal à cette passion. Il y a des raisons historiques à ce triste état de choses. Comme les Anglaises ne furent jamais très réputées pour élever des enfants, elles s'initièrent très tôt à la culture des plantes d'intérieur. Pendant des siècles elles cultivèrent de la fougère, qu'elles remplacèrent ensuite par les géraniums. Au début du siècle, quand l'Empire connut ses plus belles heures de gloire, les Anglaises rapportèrent des violettes des colonies africaines. Comme ces plantes se reproduisent avec la rapidité d'un cancer, elles délogèrent les géraniums.

Quant aux Allemandes, c'est par pur patriotisme qu'elles en vinrent à succomber aux charmes envahissants de la violette. On sait que la violette est originaire du Tanganyika — où poussent également les tribus de Zoulous —, État de l'Afrique orientale qui fut longtemps sous la férule des Allemands et porta même jusqu'en 1918 le nom d'Afrique orientale allemande.

J'ai beau me creuser la tête, je n'arrive pas à situer le moment où ma femme tomba dans les violettes. N'étant pas méfiant de nature, j'avoue qu'elles avaient déjà envahi la plus grande partie de la maison quand je constatai la chose un jour d'hiver. Ce matin-là, comme tous les matins, je me rendis à la salle de bains pour me raser. Machinalement, sans regarder, je pris mon rasoir sur le bord du lavabo et, allongeant la main gauche pour saisir la crème à barbe, quelle ne fut pas ma surprise d'empoigner quelque chose de velu et de tiède. C'était une violette. Le premier moment de stupeur passé, j'allais assener une taloche à cette violette quand ma femme retint mon bras vengeur.

— Que je te prenne à frapper mes violettes!

Comme si j'avais été au cinéma, des images de violettes se bousculèrent tout à coup dans ma tête. Je pris conscience qu'il y en avait dans toutes les fenêtres de la cuisine, sur la table du salon, sur le manteau de la cheminée, au pied du lit, sur le réservoir du bol de toilette, sur les rayons de ma bibliothèque, dans les marches de l'escalier, sur les haut-parleurs de la chaîne stéréo, sur l'appareil de télévision et notre table de chevet, enfin partout où vient se piquer à un moment ou l'autre un rayon de soleil. Je compris soudain pourquoi nous gelions toutes les nuits — ma femme baisse le thermostat à 15° C à cause des violettes —; pourquoi il y a un récipient d'eau sur tous les calorifères de la maison — les violettes ont besoin d'humidité —; pourquoi les tubes fluorescents de la cuisine restent allumés jusque tard dans la nuit — il faut aux violettes près de 18 heures de lumière par jour quand elles sont placées au nord —; pourquoi enfin j'avais souvent trouvé dans le four de la cuisinière un moule à gâteau plein de terre — la terre à violettes doit être stérilisée avant toute plantation.

Force me fut de me rendre à l'évidence: ma femme n'avait plus d'yeux, d'attentions et de soins que pour ses «Amours insouciantes». Il y a quelques jours, je résolus de lui laisser savoir que je ne pouvais plus vivre avec une femme qui montrait tant d'indifférence à mon endroit.

— C'est aujourd'hui que tu t'en plains? Sais-tu que précisément la nuit dernière j'ai rêvé à toi?

J'allais m'attendrir et lui demander pardon quand elle enchaîna:

— Eh! oui, j'étais couchée avec un autre et comme j'allais le remercier pour le bouquet de violettes qu'il m'avait apporté, tu es arrivé dans la chambre...

C'était le bouquet!

Comment veux-tu ton père?

Comme la plupart des nouvelles importantes, et qui indiquent à quel point les femmes ont réussi à saper les bases de notre société, celle qui suit est passée à peu près inaperçue. C'est dans un entrefilet perdu entre les pages des annonces classées et la publicité d'une épicerie à succursales que j'ai appris que 44 p. cent des enfants nord-américains de trois à six ans préfèrent maintenant la télévision à leur papa. Il a fallu un quart de siècle de télévision pour en arriver à lessiver le cerveau de la moitié de nos enfants, à en extirper comme de la mauvaise herbe l'image invincible du père ancrée depuis des millénaires dans leur tête.

En l'an 2000, à moins que la minorité mâle ne se rebelle enfin, les enfants auront oublié l'image même du père. Leurs parents seront devenus maman et la télé! Les femmes pourront alors chanter victoire. Elles auront remplacé l'homme sur le marché du travail, la télévision aura délogé le père de famille, et il suffira de garder en pacage quelques mâles de bonne souche pour assurer la survie de l'espèce. Qu'on ne fasse pas de gorges chaudes en croyant qu'il s'agit de science fiction! Plusieurs espèces animales ont disparu avec la complicité de l'homme. Rien ne s'oppose donc à ce que l'homme subisse le même sort avec la complicité de celle qui fut longtemps sa compagne inséparable.

Quand on a découvert que c'était bien inutile d'entrenir un coq par poule et qu'un bon coq suffisait à faire pondre tout un régiment de poules, on a inventé le bar-b-q. C'en fut fait de ce si fier animal. En quelques générations les coqs ont disparu du faîte de nos clochers, et même dans les campagnes on leur a substitué des réveille-matin. Quant aux taureaux, on en garde bien quelques-uns pour la reproduction, mais en général les bovins qui ont la malchance de naître mâles se retrouvent vite saignants ou bien cuits dans nos assiettes. Même chose pour l'étalon devenu objet de curiosité. Sur les champs de course, tous les honneurs vont aux juments ou à quelques poulains dévirilisés et amputés de leur plus bel attribut. On connaît le triste sort du bouc. Encarcané, coincé dans une stalle où il peut à peine respirer, le bouc, longtemps symbole du penseur et de l'intellectuel, en est réduit à se pisser sur les pattes en attendant les appoints d'une chèvre qui broute en liberté entourée de ses autres compagnes aux cuisses légères.

Jusqu'à l'avènement de la télévision, le mâle n'était pas vraiment menacé. Les femmes avaient beau le remplacer graduellement sur le marché du travail, se frayer un chemin jusqu'au sommet de nos gouvernements, les enfants réclamaient toujours leur père. Et c'est le père qu'on appelait à grands cris pour régler les chicanes de ruelle. C'est encore lui qui détenait l'autorité suprême, le droit ultime de punir ou de récompenser. Même à leur travail, combien de femmes ai-je entendues téléphoner à la maison pour prévenir leurs enfants que s'ils n'accomplissaient pas gentiment telle ou telle tâche, le père serait prévenu sur-le-champ et ils en mangeraient toute une à son arrivée. Le père semblait aussi indispensable à l'éducation de l'enfant que le lait maternel à l'alimentation du nouveau-né. Qu'on cesse de se bercer d'une douce illusion, ce n'est plus le cas pour la moitié des enfants d'Amérique. Pour eux, c'est la télévision qui compte désormais et si on veut punir un enfant, c'est de la télévision qu'on le prive.

Quand j'ai pris connaissance du fameux entrefilet, j'ai d'abord cru que les femmes avaient par inconscience sousestimé l'influence de la télévision. C'était leur prêter plus de vertus qu'elles n'en ont! Il s'agit plutôt d'un complot prémédité et ourdi depuis les débuts de la télévision. Toutes les femmes qui travaillent dans nos postes de télévision sont des féministes enragées, et la plupart des mâles qui leur ont résisté — je parle uniquement de ceux qui occupent des postes de commande — sont souvent de virilité douteuse. Ce sont des gens qui ont mis à l'horaire les Davy Crockett, Popeye le vrai marin, Bobino, Tintin, Robin Hood, Superman, Batman et combien d'autres héros devant lesquels le pauvre père de famille fait figure de pâte molle et de poule mouillée. Aucune héroïne n'a par ailleurs été présentée à nos enfants. Les émissions mettent en vedette des filles maigrichonnes, laides, acariâtres et grincheuses devant lesquelles la mère de famille la plus fade a l'air de la femme forte de l'Évangile. Devant pareils modèles, nos enfants ont remplacé leur père par la télévision et ont idéalisé leur mère.

Encore un quart de siècle et l'homme comme le coq finira sur la broche de nos bar-b-q. Je ne serais même pas surpris d'apprendre que la montée incessante et spectaculaire du prix du bœuf soit un des éléments de ce complot diabolique. Quand nos femmes ne pourront plus se payer de «boston» ou de «rib», elles n'hésiteront sûrement pas à s'offrir la côte contre laquelle elles s'insurgent depuis leur création!

Sauvons l'adultère!

Si personne ne vient à la rescousse de l'Espagne comme dans les années 30, ce fier pays risque de compromettre pour longtemps notre environnement le plus intime. Encore une fois, c'est un petit groupe d'extrémistes — des femmes surtout —, qui fait tout le chahut, monte la population et divise les Espagnols qui avaient su préserver jusqu'à ce jour toute l'intégrité de l'adultère. Le code espagnol prévoit, en effet, dans son article 440, une sévère peine de prison pour toute femme mariée coupable d'avoir eu des relations sexuelles avec un individu qui n'est pas son mari. Depuis que madame Maria Angeles Munoz est accusée d'adultère devant le tribunal de Madrid, les extrémistes ne cessent de soulever la population dans l'espoir qu'on abolira cet article essentiel du Code criminel.

Ce mouvement inconséquent, qu'on doit sans doute à la libéralisation trop rapide qui a suivi la mort du général Franco, doit être tué dans l'œuf. Il faut le circonscrire à l'Espagne et l'étouffer avant qu'il ne se répande dans tous les pays où l'adultère fleurit encore, Dieu merci! Qu'on se souvienne que tous les grands malheurs du XXe siècle sont venus d'Espagne. D'abord la grippe espagnole, qui a tué plus de 20 millions de personnes, puis la guerre d'Espagne, qui a donné naissance à la Seconde Guerre mondiale au cours de laquelle 50 millions de personnes ont péri. Et je ne dis rien de Picasso qui a tout crochi, tout barbouillé et semé la confusion chez tous ceux qui auraient eu du talent pour la peinture et le dessin.

L'adultère est un besoin fondamental de l'espèce humaine et on ne peut l'abolir sans provoquer des déséquilibres dont on ne pourra jamais estimer les conséquences. L'amour, le plaisir sexuel et le divorce ont besoin de l'adultère pour s'épanouir comme l'homme et les animaux ont besoin d'eau et d'oxygène. L'adultère, ce n'est pas une question de loi, c'est un problème d'environnement, comme les phoques, et j'espère que les autorités de l'Opération Green Peace vont entendre mon appel. Il faut sauver l'adultère à n'importe quel prix et mener la lutte là où l'adultère court les plus grands dangers, l'Espagne.

Le jour où l'adultère sera légalisé, il perdra tout intérêt. Sans disparaître pour autant. On commettra l'adultère avec désinvolture comme on mange ou comme on téléphone, alors qu'il faut se livrer à l'adultère en prenant des soins jaloux et des précautions extraordinaires, qu'il faut le préparer de longue main et avec une grande précision. Plus l'adultère s'exerce avec minutie, plus il est efficace et délectable. C'est l'une des sources de plaisirs sexuels les plus incontestables et les plus universellement reconnues.

L'adultère est souvent garant de l'amour véritable. Il permet à un homme de mesurer l'amour que lui porte sa femme légitime. Il sert aussi à raviver l'amour alors qu'il couve sous les braises de l'habitude et risque de s'éteindre à jamais. C'est bien connu qu'après avoir commis l'adultère, l'homme apprécie mieux sa légitime, la voit sous un meilleur jour et découvre chez elle de nouveaux points d'intérêt. C'est la même chose pour la femme qui fait mieux la cuisine après avoir commis l'adultère, qui va même jusqu'à presser avec attention les pantalons de son mari ou lui apporter ses pantoufles et son journal.

Enfin, et ce n'est pas la moindre des raisons qui militent en faveur de l'adultère, celui-ci est la cause principale du divorce. On ne saurait légaliser l'adultère sans compromettre sérieusement l'existence même du divorce, qu'on a mis tant de siècles à obtenir.

Je supplie Green Peace de constituer tout de suite des légions de volontaires de tous les pays qui, à l'instar des braves des années 30, iront défendre l'adultère à Barcelone, à Madrid, à Séville et dans toutes les villes espagnoles où il est menacé. Ces jeunes mâles n'auront pas la tâche facile. Il leur faudra combattre d'une main les femmes qui veulent faire légaliser l'adultère et de l'autre, inciter les femmes à le commettre!

Depuis des siècles, l'homme a toujours été soucieux de préserver l'adultère. C'est ainsi que même si l'adultère peut être puni de peines de prison, on a toujours su répartir les condamnations sur d'assez courtes périodes pour que les femmes n'en arrivent pas à craindre l'adultère au point qu'elles refusent de le commettre.

L'équilibre écologique de l'adultère est fragile: si on le légalise, il disparaît et si on l'assortit de peines trop lourdes, il disparaît aussi. Le Christ lui-même avait très bien compris la difficulté lorsqu'il avait enjoint les Juifs trop rigoureux de ne pas jeter la première pierre à la femme adultère. Rien n'empêche qu'il faut que les femmes aient constamment présente à l'esprit la menace de recevoir la deuxième ou la troisième pierre, sinon l'adultère s'affadit avec toutes les conséquences que l'on sait.

La première intuition
est toujours la meilleure

En amour, les femmes font très confiance à l'intuition. C'est un domaine où elles sont passées maîtres, mais, hélas, elles emploient bien souvent leur intuition à mauvais escient.

Le jour, par exemple, où ma femme acheta une lessiveuse automatique sans m'en souffler mot, elle m'expliqua que son petit doigt lui avait soufflé que j'en eus acheté une de toute façon pour son anniversaire de naissance.

Est-ce que ma femme irait fouiller dans les poches de mes pantalons, si elle n'avait pas le pressentiment d'y trouver de l'argent?

Au risque de passer pour naïf et crédule (ce dont je me défends bien), j'avouerai que je n'ai plus douté de l'intuition féminine après l'incident que je vous raconte à l'instant.

Lundi dernier, devant me rendre d'urgence à Québec, j'ai décidé de prendre l'avion. Je me suis trompé de limousine pour me retrouver à l'aérogare plus d'une demi-heure avant le décollage.

J'ai flairé tout de suite la tragédie. Un homme aussi a de l'intuition.

Il n'y a rien de plus dangereux lorsqu'on voyage en avion, que d'arriver trop tard ou trop tôt, de choisir un autre vol à la dernière minute ou de céder sa place à un voyageur pressé. Quand un avion s'écrase, les journaux font toujours mention de semblables anecdotes, ce qui m'incite à croire que ces actes irréfléchis compromettent la vie des passagers.

Je m'en garde donc, d'habitude, mais l'erreur était commise et je ne pouvais remettre le voyage.

Pour tuer le temps et me changer les idées, j'ai marché vers le comptoir où, pour quelques pièces de 25 cents, on peut rendre ses fins dernières agréables aux autres. Je me suis assuré pour 100 000 $ et j'ai glissé avec précaution la police d'assurances dans la boîte aux lettres.

Ensuite, j'ai déambulé de long en large, jusqu'à ce qu'une balance automatique attire mon attention.

J'ai sorti une pièce de cinq cents de ma poche, je suis monté sur la balance et j'ai vu avec surprise que j'avais perdu trois livres au cours des deux dernières années. L'inquiétude que me causait ce voyage en perspective a fait taire celle d'avoir perdu du poids, symptôme d'un cancer du foie ou des intestins.

J'allais descendre de la balance quand un petit carton a sauté par l'interstice percé près du voyant de la machine.

«Un placement que vous venez de faire se révélera très profitable!» m'annonça la carte.

Je ne pouvais ainsi compromettre la vie de tous ceux qui voyageraient avec moi pour seulement faire plaisir à ma femme. J'ai annulé mon billet en hâte et repris le chemin de la maison.

Eh bien! précisément ce soir-là ma femme avait invité un de mes amis, ayant eu, j'en suis sûr, le pressentiment que je reviendrais. Nous avons passé une agréable soirée, même si mon ami n'avait apporté que deux filets mignons!

La mémoire de madame

Quand j'ai lu qu'on venait de mettre au point à l'Hôpital royal de Glasgow, en Écosse, un soutien-gorge doté d'une mémoire, je me suis tout de suite inquiété, pas vraiment pour moi mais pour tous les jeunes qui en sont à leurs premières expériences avec les filles et doivent souvent profiter de la noirceur ou de l'anonymat pour briser la glace. S'il avait fallu quand j'avais 16 ou 17 ans que les adolescentes du couvent Maplewood portent des soutiens-gorge pouvant se rappeler de tout ce qui leur arrivait! En lisant plus avant, je constatai qu'il ne s'agissait pas d'une invention destinée à mettre un frein à des gestes démontrant une certaine audace ou à tout le moins une belle dextérité, mais bien d'un gadget indiquant à celle qui le porte ses heures de plus grande fertilité. En d'autres mots, le soutien-gorge à mémoire pourra remplacer le thermomètre et permettre aux femmes de connaître leurs jours fertiles par le simple port d'une pièce de vêtement toute féminine.

Grâce à la technologie électronique, les femmes vont faire un pas de plus vers l'indépendance et l'autonomie. Ce soutien-gorge révolutionnaire comporte un micro-ordinateur capable de détecter les moindres changements de température du corps. En guise de boni, il peut, le cas échéant, indiquer la présence de cellules cancéreuses dans la poitrine, puisque celles-ci ont une température plus élevée que les cellules normales.

Contrairement à la plupart des autres méthodes de contraception, le soutien-gorge à mémoire peut jouer un double rôle. En plus de permettre à une femme de savoir si elle peut se laisser aller sans conséquences, il offre la possibilité d'indiquer le moment propice à un couple qui désire des enfants et ne veut pas se fatiguer pour rien. Bien utilisé, ce soutien-gorge évitera aux couples qu'épuise le travail à l'extérieur de la maison de se morfondre encore dans des ébats sexuels qui resteront sans résultat. Chaque coup pourra désormais compter, à moins qu'on veuille perdre du temps et s'amuser comme à l'époque où on ne connaissait pas mieux.

J'étais convaincu que ma femme trépignerait de joie quand je lui annoncerais la découverte de ce remarquable dessous. Elle commença par me regarder avec incrédulité, puis elle se rendit à l'évidence quand je lui mis sous le nez l'article du journal. Elle le parcourut en diagonale puis éclata d'indignation.

En premier lieu, elle y vit tout de suite un complot des médecins de Glasgow — et donc des hommes en général — pour remettre le grappin sur les femmes, les coloniser à nouveau, les soumettre, les réduire à l'esclavage, affirmer une fois de plus la suprématie du mâle. J'avoue que cette explosion verbale faillit me prendre de court. Quand je demandai à ma femme comment la mise au point d'un simple soutien-gorge à mémoire pouvait l'autoriser à pareilles déductions, elle s'écria que le soutien-gorge, c'est un symbole et beaucoup plus qu'une simple pièce de vêtement.

C'est vrai que c'est en brûlant leurs soutiens-gorge que les féministes ouvrirent le combat. Depuis, c'est encore vrai que la plupart des femmes ont enfoui au fond de leurs tiroirs les soutiens-gorge à baleines, les «strapless» et tous les autres bustiers aux missions impossibles. Ou bien les femmes ne portent rien du tout ou bien elles se contentent de soutiens-gorge si délicats et si discrets qu'il faut presque entrer en collision avec elles pour savoir à quoi s'en tenir.

J'eus beau essayer d'enthousiasmer ma femme pour les merveilles de l'électronique en lui parlant du tour de force que ça représente d'enfouir dans un simple soutien-gorge une «intelligence» et une mémoire, elle ne céda pas un pouce de terrain. Dépités, ne cherchant qu'à reprendre le dessus sur les femmes, les hommes exploitaient la science à leurs fins les plus viles. Tant que l'électronique serait complice de l'asservissement des femmes, la mienne bouderait la technologie. Je décidai de me taire avant qu'elle ne me remette la montre que je lui ai donnée et qui est dotée d'une mémoire autrement plus complexe que celle des soutiens-gorge ainsi que la petite calculatrice qu'elle utilise pour faire ses courses à l'épicerie. Je tournai la page et repris la lecture de mon journal.

— J'y pense, dit-elle après un long moment, leur mémoire, tes médecins écossais ne pourraient pas la mettre ailleurs?

— Qu'est-ce que tu veux dire?

— Qu'ils la placent donc dans vos slips!

— Qu'est-ce que ça donnerait?

— On saurait quand vous êtes en chaleur, laissa tomber ma femme avec la plus grande naïveté.

Comment a-t-elle pu oublier que je possède déjà un indicateur de température absolument infaillible?

«Vous êtes pas tannés de mourir, bande de caves?»

Combien de personnes — et surtout combien d'humoristes pour lesquels il n'y a jamais rien de sacré, pas même la vie — se contentent de faire des gorges chaudes devant la longévité grandissante des femmes? Pour des raisons obscures, personne encore n'a mis en cause les relations sexuelles, dont la fréquence croît au rythme de la longévité féminine. De là à conclure à la nocivité du sexe pour l'homme, il n'y a qu'un pas que personne n'ose franchir.

Je ne blâme pas les femmes de se faire discrètes. N'éprouvent-elles pas les plus grands plaisirs en ces secondes d'orgasme, dont la durée chez l'homme se mesure plutôt en fraction de seconde, mais une fraction de seconde meurtrière?

N'oublions pas que nous vivons à une époque où la femme monte l'orgasme en épingle, si on peut dire. Cette tendance à glorifier le plaisir sexuel n'est pas étrangère au complot international du Mouvement de libération de la femme, dont le but ultime pourrait être l'extermination du mâle.

Je n'irai pas par quatre chemins: c'est le sexe qui décime nos rangs et si les hommes sont tannés de mourir, ils vont cesser de faire l'amour comme des caves!

Les méfaits du sexe sont terribles.

Trois médecins de grande réputation dont je dois taire les noms à cause des représailles — des représailles de leurs femmes évidemment —, viennent de démontrer hors de tout doute que le sexe est le grand responsable de l'emphysème pulmonaire, de l'infarctus, de l'artériosclérose et du cancer du poumon, sans parler des tumeurs de la bouche, du rhume et de la grippe que le sexe aide à propager parfois jusqu'à l'état de véritable épidémie. Vous êtes-vous déjà demandé pourquoi il y a plus de rhumes et de grippes pendant les mois d'hiver? Parce qu'il fait plus froid? Absolument pas... S'il y a chaque hiver de véritables épidémies de grippes et de rhumes, c'est que les nuits sont plus longues et qu'on fait l'amour plus souvent.

Pourquoi les relations sexuelles affectent-elles les poumons de l'homme? Parce qu'elles l'essoufflent... Pourquoi les relations sexuelles le prédisposent-il à l'infarctus? Parce que l'influx anormal de sang que provoque l'orgasme chez l'homme et la léthargie presque «comatique» qui suit favorisent le durcissement des artères. Plus la satisfaction sexuelle est grande, plus la circulation ralentit. Dans cet état de léthargie qui suit l'acte sexuel chez l'homme, le sang n'arrive plus à irriguer suffisamment le cœur, les artères et même la tête. C'est pour ça, mesdames, que tout de suite après, votre mari ne vous répète plus les petits mots gentils d'autrefois. Ce n'est pas qu'il vous aime moins, ce n'est pas qu'il soit moins romantique, c'est que l'orgasme affecte les cellules de son cerveau et qu'il n'arrive plus à exprimer sa pensée dans des mots. Le phénomène se manifeste de façon particulière après un certain nombre d'années de mariage alors qu'un trop grand nombre d'orgasmes ont affecté de façon irrémédiable certaines cellules du cerveau de l'homme.

Le repos du guerrier, comme appellent la période qui suit le coït de l'homme les gens qui n'en connaissent pas les méfaits, comporte tous les risques qu'entraîne normalement une mauvaise circulation du sang.

Les recherches qu'ont faites mes trois médecins sur les méfaits du sexe sont absolument incontestables.

285

C'est le comportement de leurs rats de laboratoire qui leur avait mis la puce à l'oreille. Ils avaient en effet constaté que les rats qui copulaient le plus souvent étaient ceux qui mouraient le plus jeune. Quand tu vois des rats mourir dans la force de l'âge parce qu'ils copulent trop, tu te poses des questions! C'est ce que mes chercheurs ont fait. Ils ont décidé d'entreprendre une étude systématique.

Ils ont pris leurs rats et les ont divisés en trois groupes:

■ Le premier groupe fut placé dans une cage sur les parois de laquelle on projetait constamment des films pornos. On leur montrait *Tu es un rat, La chatte en chaleur, La louve des SS, Deep throat,* etc. Dans cette cage, les rats avaient libre accès à *Penthouse,* à *Forum* et à tous les livres qu'on publie sur le sexe: *Les joies du sexe, Tout ce que vous voulez savoir sur le sexe,* etc. Chaque femelle mise dans cette cage avait été soigneusement sélectionnée pour son apparence, son physique et son charme.

■ Dans la deuxième cage, l'atmosphère était tout à fait différente: des femelles bien ordinaires, des grosses, des maigres, des fatigantes, des énervées, des femelles portées à la migraine, plus intéressées à leurs petits rats qu'à leur mâle. En d'autres mots, on n'avait pas choisi les pires, mais on n'avait pas pris les meilleures non plus.

■ Dans la troisième cage, ils placèrent juste des mâles et pour être sûrs qu'il n'y aurait aucune activité sexuelle, on isola chaque rat qu'on forçait à dormir les pattes au-dessus des couvertures.

Ai-je besoin de vous dire que, dans la première cage, ça copulait en grand. Les rats s'accouplaient sans retenue, la plupart du temps plusieurs fois par jour et avec n'importe qui. Après seulement trois ans, le nombre des femelles dépassait de trente pour cent celui des mâles et la moitié des mâles qui avaient survécu montraient des symptômes d'emphysème, d'artériosclérose, de mauvaise circulation sanguine et de cancer du poumon.

Le pire, c'est que les rats qui étaient encore en bonne santé continuaient de copuler à grands coups, même s'ils voyaient leurs confrères mourir comme des rats autour d'eux.

286

D'un autre côté, les femelles n'étaient absolument pas affectées. Les plus actives, celles qui se démenaient le plus, montraient quelques signes occasionnels de fatigue mais, comme la plupart étaient plutôt passives, elles étaient resplendissantes de santé.

Dans la deuxième cage, les rats commencèrent par copuler quelques fois par semaine, mais ils espacèrent graduellement leurs relations sexuelles pour adopter un rythme d'une à deux fois par mois. Dans cette cage, seulement quelques rats sont morts. Les plus actifs ont des tendances à l'essoufflement, ils toussent le matin, mais ils se portent assez bien. Les femelles, par ailleurs, sont nerveuses et souffrent de neurasthénie. Un bon nombre doivent voir régulièrement un vétérinaire-psychiatre.

J'oubliais de dire qu'il y a eu de nombreux cas de grippe et de rhume dans la première cage et seulement quelques-uns dans le deuxième.

Venons-en maintenant aux rats placés en isolation dans la troisième cage.

Croyez-le ou non, pas un seul encore n'est mort. On n'a jamais vu des rats en aussi bonne santé. C'est à peine si on signale quelques cas de surdité, dus, vous l'imaginez bien, au vice solitaire...

Ce n'est pas pour rien que les papes vivent vieux. Je parle des bons papes, évidemment. Quatre-vingt-cinq, quatre-vingt-dix ans, c'est commun pour un bon pape. Il arrive qu'ils soient durs d'oreille, mais ils n'en vivent pas moins très vieux.

D'un autre côté, regardez ce qui arrive aux hommes qui ne peuvent pas se retenir. Ils claquent dans la quarantaine — quand ce n'est pas plus vite — comme Valentino, comme Elvis Presley... ou ils vieillissent prématurément comme... mais je n'ai pas besoin d'en nommer, regardez autour de vous: vous allez les reconnaître ceux qui sont toujours prêts à... risquer la mort pour un plaisir qui s'envole en l'espace de quelques secondes.

Chaque coït est un clou de plus dans notre cercueil!

Quand les hommes vont-ils comprendre? Si le sexe fait le plus grand bien aux femmes, il nous fait courir les plus grands risques et raccourcit chaque fois notre vie de plusieurs minutes, sinon de quelques heures?

Vous pensez que je suis le premier à le dire? Détrompez-vous...

J'ai fait mes propres recherches et je suis arrivé à des découvertes surprenantes. Même le roi Salomon avait pressenti les méfaits du sexe... Dans le *Livre des Proverbes,* 33e chapitre, 3e verset, Salomon écrit: «Ne livre pas ta vigueur aux femmes. Une dépense excessive de semence entraîne le dépérissement du corps et de ses forces ainsi que la ruine de sa vitalité...»

Six siècles avant Jésus-Christ, Pythagore... oui, le même Pythagore qui a inventé la table de multiplication et le théorème de l'hypothénuse... a répondu ce qui suit à un de ses élèves qui lui demandait quand on devrait se livrer aux plaisirs du sexe: «Toutes les fois qu'un homme veut être moins que ce qu'il est déjà...»

Qu'est-ce que ça veut dire? Que même Pythagore avait découvert que le sexe diminue l'homme et souvent le fait mourir.

Que pensait du sexe le grand Moïse Maïmonide, médecin, théologien, philosophe et juif né à Cordoue en 1135 et mort en Égypte en 1204?

Que dit donc du sexe ce juif dont on peut encore trouver les écrits dans toutes les bonnes librairies, celles sur lesquelles les femmes n'ont pas encore mis la patte, évidemment?

«Celui qui se livre à la copulation avec une trop grande fréquence vieillit avant l'âge et ruine sa vigueur physique... sa vue devient mauvaise... (regardez juste le nombre d'hommes qui portent des lunettes, alors que la plupart des femmes n'en portent pas...) Une odeur fétide se dégage de sa bouche et de ses aisselles, les cheveux, les sourcils et les cils lui tombent, tandis que prolifèrent les poils de sa barbe, de ses aisselles et de ses jambes... (les hommes se demandent pourquoi leur barbe devient plus dure en vieillissant, pourquoi ils sont plus poilus...) Il perd ses dents et souffre de bien d'autres maux encore.»

Maïmonide ne connaissait ni le cancer du poumon, ni l'emphysème, ni les infarctus, il ne pouvait donc pas en parler.

Ce sont des maladies qui n'avaient pas encore été inventées. Leur ignorance n'a pas empêché Maïmonide de déclarer: «Qu'on doit attribuer un décès sur mille au reste des maladies et les neuf cent quatre-vingt-dix-neuf autres à l'abus du sexe.»

Vous allez dire qu'il faut bien «copuler»... Évidemment, chacun se trouve de bonnes raisons pour le faire, mais Maïmonide considérait qu'il y a un temps pour faire l'amour. «On ne doit copuler que lorsque le corps est parfaitement sain et vigoureux, qu'on ne ressent absolument aucun malaise. Il ne faut faire œuvre de chair ni quand on a faim, ni quand on vient de manger et on ne pratiquera l'accouplement ni dans la position assise, ni en se tenant debout, ni dans la salle de toilette, ni le jour où on prend son bain ou sa douche, ni avant de partir en voyage, ni au retour de voyage, non plus que le jour précédent ou le jour suivant...»

Comme vous pouvez le constater, il y a des limites... Il y a même des maudites limites à faire ça un peu partout, n'importe comment, n'importe quand!

Qu'est-ce que Maïmonide écrit pour ceux qui peuvent pas faire autrement, les faibles, ceux qui ne pensent rien qu'à ça? «Si un homme entre violemment... (attention, c'est bien écrit «violemment», pas de tricherie avec des choses qui commencent tranquillement...), si un homme entre violemment en érection, sans le vouloir... (j'admets qu'il y a des fois où c'est pas notre faute, ça part tout seul) et que son excitation persiste... (parce que des fois, ça ne dure pas, hélas!), alors même qu'il a distrait son esprit à quelque autre pensée... (dans ces cas-là, je suggère toujours à la victime de l'érection de penser à sa femme quand elle se lève), il doit se résigner et copuler, mais il faut alors considérer le coït comme une mesure d'hygiène».

Il faut arrêter de nous faire des illusions: un homme creuse sa tombe avec son sexe. Ni plus, ni moins.

Si vous me demandez: Est-ce que c'est difficile d'arrêter de copuler? Je vais vous répondre: Oui, c'est difficile mais... ce n'est pas impossible.

C'est sûr que plus on en a pris l'habitude jeune, plus c'est difficile. Ceux qui ont commencé à faire l'amour en cachette à l'âge de l'adolescence ont beaucoup plus de misère que les autres à arrêter.

J'ai remarqué aussi que ceux qui ont l'habitude de copuler avec plusieurs femmes ont plus de mal à arrêter que ceux qui, comme moi, sont toujours restés fidèles à la même et préféreraient se battre plutôt que de changer. Vous voyez qu'il y a toujours une compensation dans la vie!

Mais comment arrêter de faire l'amour?

Je n'ai pas la prétention de connaître toutes les méthodes, mais je voudrais vous faire part de ma propre expérience. D'abord, il faut arrêter d'un coup sec. Si je vous disais qu'il faut parfois plusieurs jours sinon quelques semaines avant qu'une femme constate que son mari a décidé d'arrêter de faire l'amour...

Puis, il faut absolument rester toujours occupé, sinon on se met à y penser et c'est beaucoup plus dur. Quand on arrête, c'est là qu'on constate que l'amour est plus souvent qu'autrement une habitude nerveuse. On voit une femme bien tournée et tout de suite on cherche à... on a du mal à se retenir de... Mieux vaut avoir toujours les mains occupées. J'ai découvert, par exemple, que plus on fume, moins il nous vient l'idée d'aller pincer les fesses de sa femme (ou celles d'une autre, évidemment...).

J'ai aussi entendu dire que l'acupuncture peut aider, mais je n'en ai pas tenté l'expérience. Le principe est assez simple. Il n'est même pas nécessaire de se rendre chez l'acupuncteur plus d'une fois. Vous y allez, il vous remet une grande aiguille et chaque fois que le goût vous prend de... vous saisissez votre grande aiguille et vous vous en donnez des coups. Il s'agit de frapper au cœur du problème. L'acupuncture comporte toutefois un danger; certains hommes qui l'ont essayée finissent par prendre goût à ces petits coups d'aiguille.

On peut aussi tenter le traitement subliminal. Quand vous avez vraiment décidé d'arrêter de copuler, on vous montre des images rapides de couples qui font l'amour, entrecoupées de photographies d'hommes qui toussent, de femmes qui gémissent, de microbes qui se transmettent à chaque fois qu'on embrasse quelqu'un... Par la suite, quand tu veux faire l'amour, le cœur te lève.

Il y a aussi l'hypnotisme. On apprend aux hommes à se conditionner mentalement pour le sommeil et dès qu'ils se couchent, ils se tournent sur le côté et s'endorment. Malheureusement, la méthode a plus de succès avec les femmes qu'avec les hommes.

Je voudrais vous mettre en garde contre la tentation de vous dire: «Bof... je n'arrêterai pas, mais je vais modérer...» Rien n'est pire. Les premiers jours, tout va bien. Mais au bout d'une semaine ou deux, on le fait aussi souvent qu'avant, sinon plus.

Les moyens traditionnels appris au collège ou à la petite école sont sans effet. Je ne peux être plus formel: ces moyens-là, c'est zéro. Même si un homme pense que ça fait pleurer le petit Jésus, même s'il dit des oraisons jaculatoires, qu'il garde les mains au-dessus des couvertures, c'est impossible de résister. Il doit se lever, prendre une bonne douche froide ou penser qu'il va abréger ses jours. La peur est toujours le commencement de la continence. Un bon frein: penser aux maladies. C'est la seule chose apprise au collège qui soit encore valable.

Maintenant que j'ai prouvé hors de tout doute que le sexe est dangereux pour l'homme et que son abus peut même être mortel, il faut que nos gouvernements fassent quelque chose. C'est le temps d'agir avant que les femmes ne prennent le pouvoir.

Le ministère de l'Éducation doit interdire le sexe dans les écoles. Il y a des écoles où les enfants copuleraient dans les couloirs. Dans mon temps, on n'avait même pas le droit de fumer dans la cour de récréation! Je me suis même laissé dire que des jeunes font ça dans l'autobus scolaire... C'est moins dangereux de cracher et on risque 40 piastres d'amende, même si on crache entre adultes consentants.

La télévision et le cinéma doivent cesser de nous montrer des gens qui font l'amour. Des scènes semblables incitent nos jeunes à s'abandonner à cette pratique dommageable. On doit faire de la publicité anticopulation.

Tous les hommes doivent se convaincre que «le danger croît avec l'usage». Maintenant qu'on connaît les méfaits du sexe, c'est criminel de laisser vendre des boîtes de condoms qui ne comportent pas un avertissement. C'est criminel de vendre des matelas et autres articles entraînant toujours au sexe sans que leur emballage ne comporte un avis sévère du ministère de la Santé. On doit mettre un terme au génocide du mâle, combattre le sexe de toutes ses forces, car il va anéantir l'espèce. Hélas! la chair est faible.

Une association d'entraide a vu le jour: «Les baiseurs anonymes». Comme son nom l'indique, elle est basée sur le principe des «Alcooliques anonymes». L'Association cherche à détruire le mythe du «Qui a baisé baisera». Mais il y a des hommes pour qui la modération n'a pas meilleur goût. L'Association leur propose donc l'abstinence totale. Elle fonctionne sur une base strictement volontaire. Elle ne force personne. Quand un homme décide qu'il va cesser son habitude suicidaire, mais ne peut le faire seul, il appelle les B.A. À n'importe quelle heure du jour ou de la nuit, s'il lui prend une envie de... il appelle. On lui parle, on lui rappelle les dangers du sexe, on lui explique ce qu'il risque pour quelques secondes de plaisir.

Il faut bien l'admettre, le plaisir dure à peine quelques secondes. Le plaisir d'une bonne bière ou d'un bon cigare dure 100 fois plus longtemps. On a bien exagéré les plaisirs sexuels. Chez l'homme en tout cas. La seule chose vraiment durable dans le sexe, c'est le désir! Les trois médecins qui ont fait les expériences dont je vous ai parlé ont prouvé hors de tout doute que le désir (les mauvaises pensées, comme on disait dans le temps) est inoffensif. On peut y penser tant qu'on veut, ça ne dérange pas. On peut même en parler tant qu'on veut, ce n'est pas dommageable.

Ne croyons pas qu'un homme ayant décidé d'arrêter de copuler va faire une vie ennuyeuse et qu'au lieu de mourir d'emphysème ou d'infarctus, il crèvera d'ennui. C'est facile quand on n'est pas vraiment convaincu d'arrêter de se faire croire qu'on ne peut pas ou qu'il y a mille bonnes raisons de reporter sa décision. Chaque fois que j'essaie de convaincre un homme de ne plus abréger ses jours en faisant l'amour, il me dit: «Faut bien procréer... sinon la race va s'éteindre!»

Va-t-on cesser de se raconter des peurs! Je ne parlerai même pas des moyens qu'il y aurait de procréer sans se toucher... Soyons réalistes. Combien de fois doit-on faire l'amour pour avoir un enfant? En général, il suffit d'une fois. Si on peut avec des thermomètres ou des calendriers savoir quand il n'y a pas de danger pour la famille, on doit pouvoir arriver à faire un enfant sans devoir se reprendre trois ou quatre fois!

Si un homme doit faire l'amour — pour des questions d'hygiène ou de procréation —, voici la façon de s'y prendre pour diminuer les risques au maximum:

— D'abord, garder son calme. Ne pas s'énerver car ça fait monter la tension artérielle et c'est très dangereux, surtout après la quarantaine.

— Y aller à petits coups pour ne pas s'essouffler. Si on a du mal à respirer, qu'on est à bout de souffle, arrêter, se reposer, fumer une cigarette et recommencer l'opération tel que décrit au paragraphe précédent.

— Après l'orgasme, se lever tout de suite et faire un peu de gymnastique afin que le sang qui a afflué vivement vers le cœur au moment critique puisse recommencer de circuler normalement,

— Ne jamais se tourner de côté et s'endormir tout de suite après l'orgasme. Cette léthargie, ce coma tout de suite après la surexcitation de l'orgasme fait durcir les artères. C'est comme passer du chaud au froid trop rapidement. Plus l'organisme vieillit, moins il peut se permettre de changements brusques.

Enfin, un message d'espoir. À toutes celles qui manquent de courage, qui pensent déjà à leurs maris en se disant que c'est fini, qu'elles ne pourront plus leur toucher, qui pensent aussi qu'elles n'arriveront jamais à se discipliner assez pour ne plus les entraîner à faire l'amour, à tous ces êtres faibles, je répète qu'il n'y a rien de plus facile que de cesser de faire l'amour.

Moi-même qui n'ai aucune volonté, je peux arrêter trois ou quatre fois par jour!

Vieillir ensemble

— Tu sais que ça ne sera pas très long maintenant avant que tu prennes ta retraite.

Je croyais que ma femme plaisantait, mais en levant les yeux je vis bien qu'elle ne riait pas du tout. Assise confortablement dans le lit, elle venait de laisser tomber sur le parquet le numéro de *Perspectives* du jour de l'an. Je continuai d'écrire sans répondre.

— Vingt ans chroniqueur, reprit-elle c'est plus que la moitié du temps qu'il te reste avant ta pension. J'ai tellement hâte que t'arrêtes de travailler. Pense pas que ça ne sera pas formidable?

Il fallut bien que je cesse d'écrire car mon stylo se retrouva à sec juste comme elle laissait divaguer son regard dans l'avenir. Les deux mains croisées sur le ventre, un sourire béat sur les lèvres, elle détaillait déjà le monde merveilleux de notre retraite. Je mouillai la pointe de mon stylo avec ma langue mais sans succès. Pourtant la cartouche ne semblait pas manquer d'encre. J'agitai le stylo de haut en bas par petits coups secs et il recommença d'écrire, ce qui me dispensait de donner suite aux propos de ma femme.

— On va enfin pouvoir voyager...

Si elle pense que je vais m'entasser dans un autobus scolaire avec une série de petits vieux et de petites vieilles pour aller au zoo de Granby, à Ausable Chasm ou au Théâtre des Marguerites, elle se trompe. Il n'y a rien que je déteste comme l'autobus.

— Qu'est-ce qui nous empêcherait de passer l'hiver en Floride?

À Miami Beach, merci bien! J'en ai assez vu des vieux rouler en caravane traînant une roulotte grande comme ma main, dans laquelle ils vont s'entasser en bordure d'une plage à St.Petersburg. De toute façon, je n'ai jamais tiré une remorque de ma vie et je sais que c'est très compliqué pour faire marche arrière.

— L'été, on fera un potager...

Ah! oui? J'espère qu'elle ne compte pas sur moi pour piocher et sarcler. Quand je vois nos vieillards suer à grosses gouttes sous un soleil de plomb pendant qu'ils manient la pioche ou la sarclette! Comment des gens sains d'esprit peuvent-ils penser occuper leurs vieux jours entre des plants de tomates et des haricots grimpants?

— Je vais pouvoir cultiver toutes les fleurs que je veux. Tu vas voir, nous aurons des plantes plein la maison...

Des fougères, je suppose? Comme dans les hospices... Il n'y a pas pire esclavage que les plantes, surtout depuis qu'on a découvert qu'elles sont sensibles à la musique et aux humeurs des maîtres de la maison, en plus d'avoir chacune ses caprices en eau, en soleil et en lumière. Quand je traînerai de la savate, s'il y a des plantes dans la maison, elles feront mieux d'être en plastique ou en caoutchouc parce qu'elles se passeront des soins essentiels, comme nos malades.

— Tu pourrais te mettre à travailler le bois...

Hein? Est-ce qu'il y a quelque chose de plus triste que la vue d'un vieillard tremblotant qui essaie de construire un petit bateau dans une bouteille? J'ai un vieil oncle qui a déjà passé un an de sa vie à construire un coffre de cèdre pour sa femme afin qu'elle y garde ses lainages. Non seulement le coffre a l'air déhanché mais sa femme tricote depuis ce temps-là pour montrer à son mari comme elle apprécie son cadeau. Dans l'ancien temps, les vieux construisaient leur propre cercueil à temps perdu. Au moins, c'était utile.

— On va se promener à notre goût. Moi qui aime tant marcher!

Elle marchera toute seule. Ce n'est plus le temps de se promener quand on est perclus de rhumatismes, qu'il faut s'appuyer sur une canne et poser des crampons à ses caoutchoucs pour ne pas se casser une jambe sur la première mare glacée.

— C'est quand même agréable de vieillir de nos jours.

Peuf! Jouer aux cartes tout l'après-midi, regarder la télévision, danser avec des vieilles ratatinées, quel plaisir! De nos jours, avec les clubs de l'âge d'or, nos vieux n'arrêtent jamais.

— De toute façon, dis-je à ma femme avant qu'elle ne savoure davantage les joies de notre vieillesse, je n'ai absolument pas l'intention de prendre ma retraite. Je vais mourir au travail.

Elle me regarda comme si je venais de blasphémer.

— Tu vas travailler comme ça jusqu'à la fin de tes jours?

— Oui, parce que les vieux font juste des choses que je n'aime pas faire! Et puis je n'ai pas le goût de mourir de vieillesse.

— Pourquoi faire?

— Parce que c'est trop long! Et puis *Perspectives* va mourir avant moi...

Achevé d'imprimer en septembre 1984
sur les presses de l'Éclaireur Ltée
Beauceville (Québec)

Imprimé au Canada